D.F.M. STRAUSS

———

LA FILOSOFÍA
DE HERMAN
DOOYEWEERD

PAIDEIA
PRESS

www.paideiapress.ca
www.reformationaldl.org

La Filosofía de Herman Dooyeweerd

Una publicación de Paideia Press (3248 Twenty First St.,
Jordan Station, Ontario, Canada L0R 1S0).

Traductor autorizado: Adolfo García de la Sienra Guajardo
Arte de portada y diseño del libro: Steven R. Martins

ISBN 978-0-88815-278-7

Printed in the United States of America

CONTENIDO

HERMAN DOOYEWEERD (1894-1977) nació en Ámsterdam. Estableció la *Filosofía de la idea cosmonómica* (o Filosofía del marco nómico, o de la Idea de la ley; una filosofía que da una explicación explícita de las leyes que rigen el cosmos) y enseñó la Enciclopedia de la ciencia del Derecho (filosofía del Derecho) desde 1926 hasta 1964 en la Universidad Libre de Ámsterdam.

1912-1917: Universidad: Estudiante de la Universidad Libre de Ámsterdam.

1917: Completó la disertación doctoral: De Ministerrad in het Nederlandsche Staatsrecht [El gabinete en la ley constitucional neerlandesa]

1918: Trabajó en la oficina de los impuestos, Haarligen, Frisia.

1918: Asesor jurídico para el Gobierno Municipal en Leiden.

1919-22: Posición en la Oficina de la Salud, Departamento del Trabajo, La Haya, examinando proyectos de legislaciones.

1922 aproximadamente: Se origina su idea de las esferas nómicas (aspectos modales).

1922-26: Trabajó en el Instituto Kuyper, La Haya; un tiempo de intenso estudio y escritura durante el cual recibió su primera articulación teórica la idea de las esferas nómicas.

1926: Nombrado profesor en la Facultad de Derecho en la *Vrije Universiteit* (Universidad Libre), Ámsterdam (se retiró en 1964).

La explicación que sigue intenta destacar brevemente algunas de las distinciones clave y compenetraciones de la filosofía de Dooyeweerd. En algunos respectos se hará esto con referencia a estados de cosas también reconocidos por académicos que se hallan trabajando dentro de un marco teórico de referencia diferente del enfoque encontrado en la filosofía de Dooyeweerd. Él nunca quiso excluir ninguna tradición intelectual de la "denkgemeenschap" (comunidad de pensamiento) de Occidente. Por lo tanto, esta visión general de su filosofía pretende meterse en sus zapatos al mismo tiempo que expone sus compenetraciones sistemáticas en confrontación con las diversas orientaciones filosóficas y científicas especiales.

La filosofía occidental

LA FILOSOFÍA OCCIDENTAL se originó en la antigüedad griega y se transformó durante el periodo medieval intentando obtener una síntesis entre filosofía griega y cristianismo bíblico. Continuó eventualmente su trayectoria a través del Renacimiento y la Ilustración hasta nuestro día presente. Durante los pasados 500 años fue en buena medida dominada por diversas tradiciones intelectuales humanistas.

El primer movimiento filosófico cristiano radical que desarrollara compenetraciones filosóficas sistemáticas, al mismo tiempo que se alejaba de los motivos no bíblicos presentes en el pensamiento de grandes pensadores tales como Agustín (354-430) y Tomás de Aquino (1225-1277), emergió en una tradición que se retrotrae a la Reforma del siglo XVI y fue eventualmente continuado por Groen van Prinsterer (1801-1876) y Abraham Kuyper (1837-1920). Estos pensadores en particular pavimentaron el camino para la contribución de Herman Dooyeweerd (1894-1977), quien, junto con su cuñado D. H. Th. Vollenhoven (1892-1978), desarrolló un entendimiento filosófico de la realidad dirigido e informado por la distinción bíblica entre Creador y creación – un enfoque que liberaba a la filosofía del impasse antinómico de los *ismos* (a los cuales habremos de retornar adelante).

Con respecto a la reputación de la filosofía de Dooyeweerd, como se encuentra en la valoración de varios académicos (provenientes de diferentes trasfondos), son significativos los siguientes enunciados de aprecio:

(i) "...el filósofo más original que haya producido Holanda, incluso sin exceptuar a Spinoza – Prof. G. E. Langemeijer (ex Fiscal General de la Corte de Apelaciones Holandesa y exPresidente de la Real Academia de Ciencias Holandesa, quien no es cristiano, 1965).

(ii) "...el más profundo innovador y penetrante filósofo desde Kant" – Giorgio Delvecchio (un bien conocido filósofo neokantiano italiano).

(iii) "...Herman Dooyeweerd es sin duda el filósofo holandés más formidable del siglo XX... Como humanista siempre he buscado en "mi propia tradición" ejemplos similares. Simplemente no existen" – Dr. P. B. Cliteur (Presidente de la "Liga Humanista" en los Países Bajos y profesor de filosofía en la Universidad Técnica de Delft – 1994).

(iv) "...C. A. van Peursen, un bien conocido filósofo holandés (quien fue prácticamente a lo largo de toda su vida un compañero de conversación que difería radicalmente de Dooyeweerd y quien influenció a muchos filósofos por todo el mundo), al final de su vida subrayó que muchos libros escritos dentro del dominio de la filosofía de la ciencia no debían de haber sido escritos si los autores se hubiesen familiarizado con las compenetraciones de Dooyeweerd (1995).

Compromisos últimos

AL DISTINGUIR ENTRE el compromiso radical motivador
del pensamiento académico y las distinciones teóricas
involucradas en el entendimiento de la coherente
diversidad dentro de la creación, la *Filosofía de la idea
cosmonómica* evita la especulación metafísica, toma en
serio los estados de cosas revelados por las diferentes
ciencias especiales (las ciencias naturales y las
humanidades) e incentiva la comunicación académica
a través de los linderos entre las orientaciones
filosóficas alternativas (e incluso opuestas).

Dooyeweerd usa el término "religión" en dos
sentidos diferentes pero relacionados:

1. Se puede referir a la profunda dimensión
    radical, central e integral de la creación, que
    toca el *corazón* o la ipseidad del ser humano,
    dando dirección a todos los asuntos de la vida
    que proceden de esta dimensión nuclear.

2. Puede designar una de entre las muchas
    articulaciones de la vida, familiares a nosotros
    en la fe y las actividades confesionales, y que se
    encuentran al lado de otras empresas humanas
    diferenciadas en actividades tales como pensar,
    formar cultura, las actividades linguales,

las acciones sociales, las preocupaciones económicas, las creaciones estéticas, la formación de leyes y las preocupaciones morales.

En español la palabra *religión* se usa normalmente para designar solamente la función de la fe de la realidad y las actividades cualificadas por ella, a saber, las así llamadas "actividades religiosas". La distinción importante es por lo tanto entre religión en el sentido aspectual de *fe,* y *religión* en su sentido *radical* e *integral* – donde *radical* significa que toca la *existencia* humana, e *integral* significa que abarca *toda la vida.*

Durante la última parte del siglo XIX tuvo lugar una renovada reflexión sobre la relación de la religión cristiana, en su sentido radical e integral, con la ciencia, la cultura y la sociedad. Motivó a Abraham Kuyper, bajo cuyo liderazgo inspirador ocurrió esta nueva reflexión, a señalar que el gran movimiento de la Reforma no podía continuar estando restringido a la reforma de la Iglesia y la teología. Su punto de partida bíblico toca la raíz religiosa de la totalidad de la vida temporal y tuvo que aseverar su validez en todos sus sectores pues, como una cosmovisión omnicomprensiva, es claramente distinguible tanto del catolicismo romano como del humanismo.

~~~

En 1917 Herman Dooyeweerd completó sus estudios de Derecho con una disertación intitulada *De Ministerraad in het Nederlandsche staatsrecht* [El gabinete en la ley constitucional holandesa]. A principios de la década de los 1920 amplió su perspectiva contemplando problemas filosóficos generales, incluyendo un estudio a profundidad de la historia de la filosofía estrechamente relacionado con un estudio extenso que investigaba "la lucha por una política cristiana". Durante este periodo desarrolló sus nuevas compenetraciones filosóficas en estrecha cooperación con su cuñado D. Theodor H. Vollenhoven, quien escribiera una disertación sobre los fundamentos de las matemáticas en 1918.

Suposiciones teóricas y suprateóricas

Cuando Dooyeweerd fue nombrado en la Universidad Libre de Amsterdam en 1926, se reflejó el desarrollo de una nueva orientación filosófica en una comprensiva conferencia inaugural sobre el tema *La importancia de la idea cosmonómica para la ciencia del Derecho y la filosofía legal* (Universidad Libre, Ámsterdam, octubre 15, 1926). Una mera ojeada a las extensas notas a pie de página de esta conferencia indica claramente que excedió de una manera significativa las expectativas de una conferencia inaugural normal. Durante la siguiente década publicó una obra sobre *La crisis en la teoría política humanista* (1931) seguida por su *opus magnum De Wijsbegeerte der Wetsidee* y *A New Critique of Theoretical Thought* [Una nueva crítica del pensamiento teórico] (NC: 1953-1958; 4 volúmenes). Además de innumerables artículos que cubrían un amplio espectro de disciplinas académicas ("ciencias especiales"), la principal obra académica de

Dooyeweerd desde su conferencia inaugural se enfocó en la ciencia del Derecho. Esta obra abarca cuatro volúmenes y representa un método enciclopédico enteramente nuevo para analizar la realidad, así como para formular los conceptos básicos de las diferentes disciplinas académicas. Dooyeweerd primero quería ver si su nuevo entendimiento filosófico de la realidad mostraba ser fructífero para una disciplina científica especial, tal como la *ciencia del Derecho* (su propio campo de especialización), antes de aventurarse a publicar sus implicaciones filosóficas generales como se explican en *De Wijsbegeerte der Wetsidee* y *A New Critique of theoretical Thought* [Una nueva crítica del pensamiento teórico].

Dooyeweerd aborda el *estado de cosas* de que, aunque adherentes de diferentes escuelas filosóficas de pensamiento "profesan" que sus teorías son puramente teóricas, no obstante no tienen éxito en convencerse entre sí. Llama a esta confianza en la razón humana el *dogma* de la *autonomía del pensamiento teórico*. La meta de su crítica trascendental del pensamiento teórico es mostrar que el pensamiento teórico no puede encontrar su punto de partida dentro de sí mismo porque entonces uno u otro aspecto (modo de ser) será elevado al rango de único *modo de explicación* para toda la realidad ---fuente de los múltiples *ismos* encontrados dentro de la filosofía y las variadas disciplinas académicas (tales como el fisicalismo, el historicismo, el legalismo, el vitalismo, el ismo aritmético, el economicismo y así consecutivamente). Dooyeweerd sostiene que sólo cuando se comprende que el punto de partida del pensamiento teórico debe trascender la diversidad de los aspectos dentro de la creación será posible entender que requiere un punto de partida suprateórico que no es solamente *radical* (toca la raíz de la existencia humana) e *integral* (u omnicomprensivo), sino que también se halla en el puño de un *motivo religioso básico suprateórico*. Es el motivo religioso básico el que dirige en última instancia al pensamiento teórico a través de una hipótesis provisional, falible y no demostrable de pensamiento académico, designada por Dooyeweerd como *idea básica trascendental* (concepción teórica de la realidad).

Lo que aquí Dooyeweerd defiende precede a significativas compenetraciones que emergen de los desarrollos en la filosofía de la ciencia del siglo XX, a saber, el reconocimiento de un marco teórico de referencia (una concepción teórica de la realidad o *paradigma*), y el entendimiento de que la racionalidad humana no es autosuficiente. La largamente mantenida confianza en la razón procedía de una fe en la razón que no es ella misma racional. Los filósofos del siglo XX de diferentes tradiciones filosóficas empezaron a reconocer este hecho. Por ejemplo, Karl Popper rechaza lo que llama un racionalismo acrítico o comprehensivo sobre "el principio de que cualquier suposición que no pueda ser apoyada ni por argumento ni por la experiencia ha de ser descartado". De acuerdo con él, este tipo de racionalismo es demostrablemente inconsistente; es decir, en términos de su propio criterio: pues "todos los argumentos deben proceder de suposiciones; es llanamente imposible exigir que todas las suposiciones debieran basarse en un argumento". Popper es también consciente del hecho de que detrás de la idea de un enfoque "carente de suposiciones", se esconde una enorme suposición – algo eventualmente también criticado por el prominente filósofo hermeneuta Hans-Georg Gadamer (1989), quien se burla del prejuicio de la Ilustración en contra de los prejuicios, mientras que Dooyeweerd distingue entre *prejuicios teóricos* (la idea básica trascendental) y los *prejuicios suprateóricos* (el motivo básico). Popper sabía que la confianza racionalista en la razón no es ella misma racional, y habla explícitamente de "una fe irracional en la razón" (1966-II) – lo cual significa que, de acuerdo con él, "el racionalismo es mucho más comprehensivo o autocontenido". Otro formidable filósofo de la ciencia de la segunda mitad del siglo XX, Stegmüller (1969), sostiene una condición similar cuando dice que no hay ni un solo dominio en el cual exista una autogarantía del pensamiento humano – uno tiene ya que creer en otra cosa para justificar algo más.

¿Cuáles son estos motivos básicos?

Los motivos básicos

COMO FUERZAS MOTRICES verdaderamente comunitarias, Dooyeweerd discierne *cuatro* motivos religiosos básicos operativos dentro de la historia de la civilización occidental. Señala que tres de ellos son *dialécticos* pues están cargados con un dualismo interno que constantemente les induce a generar posiciones en las cuales un polo es puesto irremediablemente en oposición diametral con el otro. No es solamente el desarrollo del pensamiento teórico el que es gobernado por estos motivos básicos, pues la dinámica religiosa implicada en ellos yace en el fundamento del desarrollo cultural de Occidente como un todo.

Dooyeweerd identifica los siguientes cuatro motivos básicos:

(1) el motivo forma-materia de la antigüedad griega;

(2) el motivo básico escritural de creación, caída en el pecado y redención a través de Jesucristo en la comunión del Espíritu Santo;

(3) el motivo escolástico de la síntesis religiosa, introducido por el catolicismo romano, el de la naturaleza y la gracia, el cual intenta reconciliar los dos motivos anteriores;

(4) el moderno motivo básico humanista de la naturaleza y la libertad, en el cual se intenta en una síntesis religiosa inmanente (*diesseitige*) concentrada en la personalidad humana.

El motivo básico griego de la materia y la forma

Dooyeweerd distingue entre el motivo de la forma, la medida y la armonía, por un lado, y el motivo materia de la corriente siempre en flujo de la vida, por el otro. Explica el segundo como sigue:

Éste fue el motivo de la corriente eternamente fluyente, divina, de la vida. Surgiendo de la madre tierra, esta corriente de la vida periódicamente, en el ciclo del tiempo, produce todo lo que tiene forma y configuración individual; pero entonces, inevitablemente, esto último es presa del destino ciego e impredecible, de la temible *Anangké* (necesidad), para que la eternamente fluyente e informe corriente de la vida pueda continuar con su ciclo de nacimiento, muerte y renacimiento. Esta divina corriente de la vida, corriendo a través de todo lo que tiene forma corpórea, es un fluido psíquico que no está atado a los límites de la forma corporal y por ende no puede morir con ésta, si bien es concebida, no obstante, como material y terrenal. El misterio más profundo de la "psique" se halla en un extático trascender los límites corporales de uno en una absorción mística en la divina totalidad de la vida. En palabras de Heráclito, el oscuro pensador de Éfeso: "No llegarías a encontrar, en tu camino, los límites del alma, ni aun recorriendo todos los caminos: tan profunda dimensión (*logos*) tiene".

Dooyeweerd sostiene que tanto el motivo materia como el motivo forma son últimos en el sentido de que tocan el corazón como raíz religiosa o ipseidad del ser humano. Como son mutuamente excluyentes y mutuamente dependientes, la única opción para un motivo dialéctico es dar primacía a uno de sus polos sin escapar del opuesto. Inicialmente, en la filosofía griega de la naturaleza, el motivo materia adquirió la primacía en el pensamiento griego.

Los filósofos jónicos observaron que en medio de todo *cambio* y *transición* debe haber algo persistente. Procedieron a partir de los elementos con una naturaleza divina fluida (el agua, el aire, el fuego). Aunque Anaximandro escogió para lo infinito e ilimitado el *ápeiron*, sus *Fragmentos* segundo y tercero afirmaban que el *ápeiron* era "perenne y sin edad" e "inmortal e indestructible". En una configuración naturalista el motivo forma surgió a la superficie claramente en el pensamiento de Parménides concerniente a la *unidad* (la unicidad) del ser. Empédocles distinguió subsecuentemente cuatro *formas ónticas* inmutables a las que él trató, como observa Aristóteles, como si fuesen dos: por un lado el *fuego* y por el otro, juntos, *la tierra, el aire y el agua*. El impactante avance en el desarrollo dialéctico de la filosofía griega que es notable aquí es que Empédocles introdujo dos fuerzas en el alma, el amor (*filia*) y la animosidad (*neikos*), donde *filia* es una fuerza divina del alma y *neikos* es una fuerza no divina del alma. Esto implica que el motivo materia es solamente desdivinizado parcialmente – a saber, en conexión con el *neikos*.

El cambio decisivo en la asignación de primacía al motivo forma ocurre en el pensamiento de Anaxágoras. Él elevó el *nous* (la razón) a un estado autoexistente, no limitado o mezclado con espermas materiales: "Todas las demás cosas tienen una porción de todo, pero la Mente es infinita, autónoma y no está mezclada con ninguna, sino que ella sola es por sí misma ... Es, en efecto, la más sutil y la más pura de todas; tiene el conocimiento todo (πάντον νοῦς κρατεῖ) sobre cada cosa y el máximo poder" (Kirk y Raven III, 476). La desdivinización de los rígidos, inmóviles y desordenados gérmenes de la materia se sigue claramente del hecho de ahora sólo el *nous* es designado como divino.

Los atomistas Leucipo y Demócrito rompieron la indivisible forma estática del ser de Parménides en una multiplicidad de formas inmutables estereométricas, mientras que vieron la materia como un vacío (*kenon*) ilimitado y sin forma. En el pensamiento de Sócrates el divino *nous* de Anaxágoras continúa como dador de forma al cosmos y como el origen de lo que es bueno y bello en el cosmos. Es así que Sócrates profundizó la primacía del motivo forma hacia la concentración de todo conocimiento en el *bien* y la *belleza*. En los primeros diálogos platónicos esta tendencia dinámica desempeña un papel dominante.

El dualismo de la materia y la forma en el pensamiento de Platón es evidente sobre todo en su entendimiento dualista del mundo inteligible y el mundo del devenir. Las formas ideales sirven como *Urbilder* (formas arquetípicas) que son copiadas en formas transitorias en las cuales se hallan presentes. La partición en dos principios de origen, forma y materia (carente de forma), implica que dentro del mundo del devenir se encuentran *copias* de las formas ónticas originales -cada *eidos* tiene múltiples *Abbilder* (copias). Pero Platón se dio cuenta de que dentro del mundo de las formas estáticas suprasensoriales no hay forma para lo informe (la materia). Por lo tanto, subsecuentemente a su diálogo *Parménides* Platón contempló una *materia ideal* (*materia eidética*) (*hilé*), particularmente en el *Timeo*, para encontrar una forma original para la materia entre las otras *eide* (véase la discusión extensa en Dooyeweerd 2003).

Con el trasfondo de la filosofía de Dooyeweerd, uno puede decir que mientras Platón tropezaba con el lado ley del cosmos como un *orden para*, Aristóteles traspuso las ideas trascendentes de Platón igualándolas con el lado universal (la ordenación) de las entidades individuales, concebidas como la sustancia secundaria universal que se suponía uniese la forma (la actualidad) con la materia (la potencialidad). En su extensa obra sobre el término materia en la filosofía de Aristóteles, tenemos que observar cómo discierne Happ la mutualidad y mutua exclusividad de los principios de materia y forma. Más aún, debe mantenerse en la mente que la idea bíblica de creación es ajena a la filosofía griega. Esta última aceptaba el eslogan *ex nihilo nihil fit* (nada proviene de nada).

El motivo básico bíblico

EL SEGUNDO MOTIVO básico es el de la creación, caída en el pecado y redención a través de Jesucristo en la comunión con el Espíritu Santo.

En armonía con el judaísmo del Antiguo Testamento, la religión cristiana introdujo este tema en el pensamiento occidental como un nuevo motivo religioso comunal que, ya en su doctrina de la creación, se ubicó en una posición diametralmente opuesta al motivo básico de la filosofía antigua.

Como auténtica revelación de la Palabra de Dios, este motivo se distingue por su carácter integral y radical. Esto es, penetra hasta la raíz de la realidad creada. Como Creador, Dios se revela a sí mismo como el origen absoluto e integral de todas las cosas. Ningún poder autosuficiente, igualmente primordial, se sostiene frente a él. Por esta razón no se puede encontrar ninguna expresión de un principio dualista de origen dentro del cosmos creado y tampoco es correcto discernir en la filosofía y las ciencias especiales un camino hacia el bien, hacia el significado de la vida, como camino a la salvación, escapando de un área de la creación para moverse a otra. Esto se puede intentar, por ejemplo, moviéndose hacia la racionalidad, hacia la felicidad, hacia la totalidad colectiva (la nación, el Estado o la Iglesia), o hacia la libertad y la autonomía.

No obstante, una perspectiva bíblica no localiza el mal en un área específica de la creación, sino en la dirección apóstata del corazón humano, mientras que la salvación es igualmente un asunto bidireccional. Cuando es ignorada la distintividad de la *estructura* y la *dirección*, surge una sobrevaluación de una parte bien creada de la realidad conducente a una depreciación de otra cosa dentro de ella. Idolatrar o deificar algo dentro de la creación rinde el honor debido al Creador a una criatura. El filósofo reformacional Al Wolters caracteriza sucintamente esta distinción entre estructura y dirección: "es en esta característica de la filosofía tradicional, a la cual he llamado "soteriología metafísica" (y que ha sido mellada si bien no completamente erradicada en la mayoría de las filosofías cristianas) que su naturaleza religiosa pasa claramente al primer plano. Desde mi punto de vista, debiera ser marca de una filosofía que busca ser tan radical como la Biblia el que renuncia a esta entera empresa y simplemente acepta, como punto de partida, que toda criatura de Dios es buena y que el pecado y la salvación son asuntos de direcciones religiosas opuestas, no de sectores buenos y malos del orden creado. Todos los aspectos de la vida y la realidad creadas son en principio igualmente buenos, y todos están en principio igualmente sujetos a perversión y renovación" (compárese con 1 Timoteo 4:4: "Porque todo lo que Dios creó es bueno").

Antes de que expliquemos algunas implicaciones de la idea de Dooyeweerd del orden creacional todavía tenemos que proporcionar un breve análisis de los motivos básicos de la escolástica medieval y el humanismo moderno.

El motivo escolástico de la naturaleza y la gracia

En su gran obra *Civitas Dei* (La ciudad de Dios), Agustín distinguió entre ley divina y ley natural. Por un lado, explica la distinción bíblica entre el reino de Dios y el reino de las tinieblas, pero, debido a la influencia del neoplatonismo, por el otro le agrega un sesgo no bíblico. Como una mera *copia* de la ciudad de Dios, el estado terrenal es negativamente retratado como *Babilonia*, mientras que su monarca es designado como *Diabolus*. Esto ejerció una importante influencia sobre la subsecuente lucha entre la Iglesia y el Estado durante la Edad Media, particularmente porque tanto la ciudad de Dios como el estado terrenal fueron considerados como entidades omnicomprensivas de la vida. Esto explica por qué tanto la *polis* griega como el *Sacro Imperio Romano* fueron todavía apreciados en la perspectiva aristotélica de una comunidad omnicomprensiva y autosuficiente (*societas perfecta*).

En el pensamiento de Tomás de Aquino, las comunidades sociales inferiores tienen una autonomía relativa, pero, no obstante, todavía funcionan como *partes* de un *todo* más grande. Esto da continuación a la concepción aristotélica que abarca todas las ramas de la sociedad de acuerdo con la relación mutua de un *medio* para un *fin*, de *materia* a *forma*. Lo que es nuevo en la concepción de Tomás de Aquino es que el Estado sirve meramente como el *portal inferior* para la Iglesia. Mientras que el Estado debiera llevar a sus ciudadanos a su plenitud *temporal* más elevada, a saber la *perfección moral*, la Iglesia, como instituto sobrenatural de la *gracia*, aspira a la beatitud eterna (*ad finem beatutidinis aeterna*). Esta relación jerárquica entre naturaleza y gracia es, por lo tanto, reflejada en la distinción entre *lex naturalis* (una ley natural que, en un sentido *cósmico*, también comprende a los seres humanos en su naturaleza racional moral) y una ley divina (*lex divina*) perteneciente a un ámbito sobrenatural. En su obra sobre el gobierno de los príncipes, incluso las *ciudades* y las *provincias* son designadas comunidades perfectas. La concepción escolástica de la relación entre naturaleza y gracia fue concebida en términos del entendimiento griego de la *materia* y la *forma*. Ya en su conferencia inaugural (1926) Dooyeweerd cita el eslogan latino empleado por Tomás de Aquino: *Gratia naturam non tollit, sed perficit* (la gracia no perturba a la naturaleza, sino que la perfecciona).

Más aún, Tomás de Aquino se adhiere a la concepción de que la ley natural es válida para todos los tiempos y lugares. Declara que "la ley natural no necesita ser promulgada" y que la "fuerza vinculante de la ley se extiende incluso hacia el futuro". Con mucho, continúa el entendimiento griego de la ley. En un sentido amplio, la justicia abarca a las virtudes morales, pero, en un *sentido restringido*, continúa sirviendo como una de las cuatro virtudes morales (además de la *sabiduría, la templanza y el valor*). La justicia le "tributa" a una persona lo que legalmente le pertenece a esa persona, proporcionando así el trasfondo del significado moderno de la (*re-*)*tribución* jurídica. Tomás de Aquino también continúa la distinción aristotélica entre justicia *conmutativa* y *distributiva* –con la igualdad siendo vista respectivamente en términos de una vara *aritmética* y una *geométrica*. Además de la justicia *conmutativa* y *distributiva*, él agrega la justicia legal (*iustitia legalis*). Esta forma de justicia asigna deberes legales particulares a la persona (entre los cuales se encuentra el servicio militar). La ley natural forma la base de toda ley positiva –cuando una estipulación legal positiva contradice la ley natural, pierde su validez legal. La ley natural objetiva (válida para la humanidad como un todo) puede ser derivada del principio ético teleológico básico: "Haz lo que es bueno y evita lo que es malo". La ley natural subjetiva incluye aquellas competencias legales que pertenecen a una persona por virtud de la ley natural objetiva (tales como el derecho a la vida, a la integridad, a la adquisición de propiedad y así consecutivamente). Como virtud omnicomprensiva, la justicia general al estilo aristotélico tiene que dirigir todas las otras virtudes hacia el bien común (*bonum commune*).

En última instancia, Tomás de Aquino quería sintetizar la aristotélica *lex naturalis* (con su orden teleológico dual) con ciertos motivos bíblicos fundamentales. El resultado fue que la concepción aristotélico tomista desnaturalizó el significado de la ley. Es meramente un medio al servicio de la meta de la perfección moral del ser humano, como un escalón hacia la beatitud eterna (sobrenatural). Por lo tanto, el bien, en un sentido dual (considerando la perfección moral temporal y la beatitud eterna), continúa incorporando a toda la sociedad completamente dentro del Estado y la Iglesia. Esto fue encarnado por la cultura medieval eclesiásticamente unificada.

El motivo básico humanista de la naturaleza y la libertad

Este entero edificio de Tomás de Aquino pronto tuvo que enfrentarse a nuevos desarrollos y desafíos durante los siglos XIII y XIV. Dante relativizó las pretensiones de poder de la Iglesia y propuso la idea de un monarca del mundo justo quien en realidad debiera de ser Dios, aunque todavía mantuvo el dualismo entre naturaleza y gracia (filosofía y teología). Pero entonces fueron, como lo parafraseara Windelband, "los mismos hijos fieles de la Iglesia quienes una vez más ampliaron el hiato entre la filosofía y la teología hasta que finalmente lo hicieron insalvable". Este periodo testificó la emergencia de lo que vino a ser conocido como el movimiento nominalista, el cual introdujo la idea de la arbitrariedad de la voluntad humana, así como la idea de la soberanía popular como fuente del Derecho – esto generó, en última instancia, teorías totalitarias del poder estatal (el poder ilimitado de la voluntad general).

El nominalismo niega cualquier universalidad fuera de la mente humana y, por lo tanto, socavó el significado tanto de la ley como de la moralidad, pues finalmente no deja lugar a los estándares de conducta supraindividuales (normativos). En sus *Sententien*, Occam propuso la concepción de que la universalidad "se halla solamente en el alma y por lo tanto no en las cosas".

En su tratado sobre el método, de acuerdo con el cual debiera hacerse un uso correcto de nuestro entendimiento, Descartes menciona que estuvo particularmente contento con las matemáticas, debido a su certeza y a la autoevidencia de sus argumentaciones. El método desarrollado por Descartes se subdivide en cuatro pasos con el análisis (hasta los detalles más finos) y la reconstrucción de lo más complejo ocupando el centro. Como criterio de verdad Descartes emplea la regla general: cualquier cosa que sea clara y distintamente percibida (*percipio*) es verdadera. Sin embargo, ¿qué garantiza la naturaleza del conocimiento (verdadero)?

Como garantía, Descartes introduce su "idea" de Dios. La idea de Dios como una sustancia infinita, eterna, inmutable, independiente, omnisciente y omnipotente es, de todas, la idea más clara en mi entendimiento. Como soy finito, Descartes continúa así su argumento, esta idea de Dios —y Dios por lo tanto existe— debe ser generada por Dios en mi pensar (*Meditationes*, III). Como Dios no puede engañarnos, está claro que la certeza y verdad de toda ciencia y conocimiento dependen del Dios verdadero, en tanto que no puedo obtener un conocimiento propio de ninguna otra cosa a menos que antes tenga un conocimiento de Dios. Descartes busca el fundamento de su pensamiento en el objeto. En el empleo del método matemático requiere a Dios como garante del pensar claro y distinto. Es así que Descartes meramente usa a Dios para proporcionar certeza a su (presumiblemente claro y distinto) pensamiento matemático deificado, y a la vez el nuevo método matemático adquiere la estampa de la infalibilidad.

No obstante, Descartes quería mantener el ideal de una personalidad autónoma y libre (el ideal humanista de la personalidad) distinguiendo estrictamente la sustancia pensante del cuerpo como una sustancia extensa.

Hobbes abraza el ideal de la ciencia matemática tan radicalmente que incluso considera que el alma es meramente un mecanismo para sentir movimientos. Leibniz en particular elaboró el ideal de la ciencia aún más, estimulado por el descubrimiento del cálculo diferencial e integral (el así llamado cálculo infinitesimal).

Una redirección psicologista emerge en el desarrollo del ideal de la ciencia cuando Locke, en su *Ensayo sobre el entendimiento humano,* vincula parcialmente los contenidos del pensamiento con representaciones sensoriales simples (elementales, "ideas"). Sin embargo, a partir de las impresiones sensoriales elementales el pensamiento puede operar libre y activamente para llegar a representaciones compuestas. La distinción trazada por Locke entre el conocimiento empírico factual y las relaciones necesarias entre los conceptos, así como su introducción de la intuición como base del conocimiento científico exacto (como se encuentra en las demostraciones de las matemáticas) creó una partición en sus intenciones psicologistas, pues, con la ayuda del método de la demostración matemática, las matemáticas y la ética pueden proporcionarnos conocimiento a priori y certeza infalible.

De una manera consistentemente psicologista, Berkeley dejó atrás la distinción entre cualidades primarias y secundarias (entre otras todavía defendidas por Locke). En línea con su tesis de que ser es ser percibido (*esse est percipi*) Berkeley sólo reconoce la realidad de cualidades secundarias (psíquicas).

Subsecuentemente, Hume llevó al ideal de la ciencia a sus consecuencias últimas, reduciendo todas las facetas de la realidad al denominador básico de la percepción. "Odiar, amar, pensar, sentir, ver; todo esto no es más que percibir". De acuerdo con Hume, "todas nuestras ideas o percepciones más débiles" son meras "copias de nuestras impresiones", mientras que sólo hay tres principios de conexión entre las ideas, a saber, la semejanza, la contigüidad en el tiempo y el espacio, y la causa y el efecto.

Hume redujo la supuesta universalidad de la ley de causalidad a una ley psíquica de asociación, conectándola de un modo notable con el hábito de la fe: "después una repetición de casos similares, la mente es conducida por el hábito, ante la aparición de un evento, a esperar su usual acompañante, y a creer que habrá de existir". Como el hábito en sí mismo no es una impresión, sino que solamente sirve a la conexión mutua de las impresiones en el orden de la causa y el efecto, es comprensible porqué la introdujo Hume con una apelación a un universal "principio de la naturaleza humana, el cual es universalmente reconocido, y que es bien conocido por sus efectos". En esta sección Hume incluso llama a la costumbre "la gran guía de la vida humana".

El problema crucial para este psicologismo es explicar la constancia en medio del devenir y el cambio psíquicos. La arbitrariedad y el azar plantean un problema irresoluble para el ideal psicológico de la ciencia —y Hume no proveyó una respuesta a estos problemas.

Si toda la realidad es reducida en el final análisis a un denominador matemático, cinemático (compárese con la física de Newton), físico o psíquico, no queda lugar para la fe humanista en la libertad y la autonomía (éticas) de una persona. Estas consecuencias del ideal de la ciencia en desarrollo explican porqué Kant, en el Prefacio a la segunda edición de su *Kritik der reinen Vernunft* (*Crítica de la razón pura* —CRP) declara que tenía que restringir el conocer (la ciencia) para hacer un lugar a la fe: "he encontrado necesario, por lo tanto, negar el conocimiento para hacer un espacio a la fe" ("Ich musste also das Wissen aufheben, um zum Glauben Platz zu bekommen").

Dooyeweerd y Kant

En el primer volumen de su *Una nueva crítica del pensamiento teórico*, Dooyeweerd fundamentó esta compenetración mediante un penetrante análisis del lugar de Kant dentro del desarrollo dialéctico de la filosofía moderna.

Con Hume, Kant acepta que todo conocimiento comienza en la experiencia (sensorial) (CPR B, 1). Sin embargo, esto no implica que todo conocimiento sea derivado de la experiencia pues debe haber también una contribución de nuestra capacidad de conocer. Para explicar esto, Kant explica su distinción entre lo a priori y lo a posteriori: el conocimiento que es independiente de nuestra experiencia y de las impresiones sensoriales es llamado a priori y es distinto del conocimiento derivado a posteriori de la experiencia (B, 2). Kant distingue, además, entre juicios analíticos y sintéticos: si la relación entre el sujeto y el predicado de un enunciado es tal que el predicado pertenece a lo que está contenido en el sujeto, tal enunciado es analítico; si no, es sintético (B, 10). A la luz de estas distinciones Kant fórmula la tarea general de la razón pura, dada en la pregunta: ¿cómo son posibles los juicios sintéticos a priori? ("Wie sind synthetische Urteile apriori möglich?").

Puesto que, de acuerdo con Kant, todas las ciencias teóricas contienen juicios sintéticos apriori, la pregunta concerniente a la posibilidad de tales juicios debe ser aplicada antes que nada a las matemáticas puras (*reine Mathematik*) y a la física pura (*reine Naturwissenschaft*) (B, 20). Subsecuentemente Kant plantea inmediatamente la cuestión concerniente a la metafísica (la cual fluye de la naturaleza de la razón) y luego se enfoca en el problema de delimitar la razón pura. Una crítica de la razón pura no puede detenerse ante la mera inclinación natural a la metafísica, generando preguntas que no pueden ser respondidas mediante ningún uso de la razón vinculada con la experiencia (o con principios que se derivan de ella), pues inevitablemente esto conduce a contradicciones. Más bien, debería de responder la pregunta de si la razón pura podría ser estirada más allá de todos los límites, o si no es más bien el caso que debieran de encontrarse límites claros y determinados para la misma.

Se reduce a la pregunta de cómo es posible la metafísica como ciencia (es decir, a considerar la pregunta: ¿cómo son posibles en la metafísica los juicios sintéticos a priori?).

En la *Transzendentale Ästhetik* Kant comienza aislando la sensibilidad, de modo que todo lo que se agrega por los conceptos del entendimiento es separado, implicando que nada permanece siendo la intuición pura (*Anschauung*). La facultad receptora a través de la cual adquirimos representaciones de los objetos es conocida como sensibilidad y a través de ella obtenemos intuiciones (*Anschauungen*). En el aislamiento de la sensibilidad incluso cualquier cosa que pertenezca a la sensación (*Empfindung*) debe ser separado, de manera que permanezca la pura intuición y la mera forma de los fenómenos; es decir, que lo único que permanezca sea aquello que pueda proveer la sensibilidad a priori.

En esta explicación encontramos el término apariencias (*Erscheinungen*), el cual ciertamente ya contiene el problema básico del pensamiento de Kant. De acuerdo con Kant, se sigue naturalmente del concepto de apariencia que la misma está correlacionada con algo que en sí mismo *no* es una apariencia, algo que debe ser un objeto independiente de la sensibilidad. Lo que es designado como objetos externos son meras representaciones de nuestra sensibilidad que tienen como correlato Cosas en Sí Mismas.

Esta inocente apelación a aquello que aparentemente fluye de una manera natural (*natürlicher Weise*) del concepto de apariencia, cuando se le somete un escrutinio más riguroso revela una conexión directa con el problema de la demarcación de Kant: para salvaguardar la libertad y la fe humanas, Kant restringió a la ciencia.

Estas distinciones en el pensamiento de Kant revelan el papel directivo del motivo humanista básico de la *naturaleza* y la *libertad* (*el ideal de la ciencia* y *el ideal de la personalidad*). Los modos diferentes en los que el término trascendental es empleado en la filosofía de Kant y en el pensamiento de Dooyeweerd ilustran sus distintos compromisos últimos.

Dooyeweerd ubica este término dentro de su ontología no reduccionista (aspectos modales irreducibles, con soberanía de esfera, y estructuras de individualidad), con la finalidad de dar una explicación del orden óntico que subyace a nuestra ricamente variada pero coherente experiencia de la realidad.

La concepción de Dooyeweerd está informada por el motivo bíblico de la creación y dirigida por el principio óntico de la antinomia excluida. Este último principio desenmascara los fracasos presentes en todos los intentos de reducir la diversidad dentro de la creación a una u otra perspectiva deificada. En la filosofía de Dooyeweerd el término *trascendental* revela por lo tanto su intención *óntica*. En la filosofía de Kant, en contraste, el uso del término *trascendental* está motivado por el motivo dialéctico de la naturaleza y la libertad. Observamos que surge en el contexto de distinguir entre *esencia* (*Ding-an-sich*) y *apariencia*. Como el ideal inicial de la ciencia reducía toda la realidad a una determinación causal, Kant tenía que restringir el ideal de la ciencia a apariencias para salvaguardar un dominio suprasensorial de libertad humana (práctica y ética). Pero su enfoque es sobre las condiciones (*a priori*) de posibilidad inherentes al sujeto humano como cognoscente. Esto explica por qué no emplea el término *trascendental* en un sentido *óntico*, sino más bien en un sentido orientado al sujeto (epistémico o cognitivo). Las formas kantianas trascendentales (*a priori*) brotan de dos troncos epistémicos: la *sensibilidad* (con el espacio y el tiempo como formas externas e internas de la intuición), y el *entendimiento* (con sus doce categorías). En la segunda edición de su CRP declara: "*llamo trascendental a aquel conocimiento que no está también ocupado con los objetos, sino con nuestro modo de conocer los objetos, en tanto que esto puede ser posible a priori*". Ocasionalmente esta obra también emplea el término trascendental en el sentido de aquello que *excede los límites de la experiencia*: "los enunciados básicos del entendimiento puro, …debieran ser meramente empíricos y no trascendentales; es decir estirados en su uso más allá de los límites de la experiencia".

Kant considera a la *libertad* del alma humana como una *Ding-an-sich* y luego subraya que "no hay contradicción en suponer que una y la misma voluntad está en apariencia, esto es en sus actos visibles, necesariamente sujeta a la ley de la naturaleza, y en la medida de ello no libre; mientras que, no obstante, al pertenecer a una cosa en sí, no está sujeta a esta ley y es por lo tanto libre". El vínculo entre la distinción de *Ding-an-sich* y *apariencia* por un lado y su enraizamiento en el motivo básico de la naturaleza y la libertad, es puesto en evidencia en las siguientes citas tomadas de la edición de 1787 de la CRP de Kant:

> La presuposición común pero falaz de la realidad absoluta de las apariencias aquí manifiesta su influencia injuriosa para la confusión de la razón. Pese las apariencias son cosas en si mismas, *la libertad no puede ser mantenida* (las cursivas son mías –DS).

En la siguiente página está claro el motivo básico de la entera CRP de Kant:

> Mi propósito sólo ha sido señalar que, puesto que la conexión plena de todas las apariencias es una ley inexorable en el contexto de la naturaleza, la inevitable consecuencia de insistir obstinadamente en la realidad de las apariencias es la destrucción de toda libertad. Aquellos que siguen la concepción común nunca sido capaces de reconciliar la *naturaleza* con la *libertad* (las cursivas son mías –DS).

El resultado fue que Kant, en el final análisis, se conformó con dos dominios — el "concepto naturaleza" y el "concepto libertad" — los cuales están totalmente separados por el enorme *abismo* que divide lo que es supra sensorial de las apariencias ("...durch die Grosse Kluft, welche das Übersinnliche von den Erscheinungen trent, ganzlich abgesondert" [...a través del gran abismo que separa enteramente a lo supra sensorial de las apariencias]). Para Kant esto concierne a los elementos opuestos de la razón teórica y la razón práctica, que en última instancia simplemente refuerzan el dualismo básico entre la necesidad natural y la libertad supra sensorial — cada una con su propio legislador.

La diferencia entre el motivo bíblico de la creación y su contraparte secularizada en el pensamiento de Kant se observa mejor en la afirmación hecha en sus *Prolegómenos* (1783), a saber, que el entendimiento humano es el legislador formal de la naturaleza, pues de acuerdo con él no deriva sus leyes de la naturaleza, sino que se las prescribe a la naturaleza: "el entendimiento crea sus leyes (a priori) no a partir de la naturaleza, sino que se las prescribe a la naturaleza".

La filosofía postkantiana

Después de Kant, el romanticismo (Herder, Goethe) facilitó el surgimiento del idealismo germánico de la libertad (Schelling, Hegel y Fichte) el cual dio plena primacía al ideal de la personalidad. Pero pronto el ideal de la ciencia adquirió la primacía nuevamente en el pensamiento de Maimon, Comte, Marx, Darwin y Haeckel. Hacia finales del siglo XIX y comienzos del siglo XX dos escuelas neokantianas dominaban la escena filosófica, a saber, la escuela de Marburgo (la cual daba primacía al ideal de la ciencia –Cohen, Cassirer, Natorp, Lask y Kelsen) y la escuela de Baden (la cual daba primacía una vez más al ideal de la personalidad –Windelband, Rickert y Weber). Durante las primeras décadas del siglo XX emergieron múltiples tendencias filosóficas: el personalismo de Buber (en lucha con el dualismo de la naturaleza y la libertad); el legado de Wittgenstein, parcialmente elaborado en el atomismo lógico de Russell y en la filosofía del lenguaje ordinario (Ryle), y la filosofía analítica en general (con mucho en el puño de un ideal fisicalista de la ciencia); el neomarxismo (revirtiéndose al motivo de la libertad –Bloch y la escuela de Francfort; Adorno, Horkheimer y Habermas); el positivismo reforzando el ideal de la ciencia (Mach), continuado en el neopositivismo de Ayer, Carnap, Schlick, Hempel, Hahn; mientras que la fenomenología de Husserl propugnaba un ideal de la ciencia distinto, intuicionista trascendental; el existencialismo se revirtió a la primacía del motivo de la libertad (Heidegger, Sartre y Jaspers), y el postmodernismo elaboró una variante irracionalista historicista del ideal de la personalidad. La dialéctica inherente de los dos polos de la naturaleza y la libertad, presuponiéndose y amenazándose mutuamente entre sí, es quizá capturado de la mejor manera por Jaspers en su obra *Philosophie* (1948): "mientras que la libertad sea solamente a través de y en contra de la naturaleza, debe necesariamente fracasar" ("Weil Freiheit nur durch und gegen Natur ist, muss es notwendig scheitern").

Podemos volvernos ahora a la estructura básica de la filosofía de Dooyeweerd.

Los contornos básicos de la filosofía de Dooyeweerd

LA DISTINCIÓN ENTRE Creador y creación elimina todos los intentos por deificar cualquier cosa o cualquier aspecto dentro de la creación. Todo lo que se halla dentro de la creación esta sujetado a leyes dadas por Dios. El orden nómico cósmico abarca la dimensión religiosa central de la realidad (el dominio de los compromisos últimos y de los motivos básicos), la dimensión del tiempo cósmico, la dimensión de los aspectos modales y la dimensión de las estructuras de individualidad (las leyes tipo o principios estructurales de las entidades naturales y sociales).

Daremos ahora un análisis resumido de la original y penetrante filosofía reformacional de Dooyeweerd.

La teoría de las esferas modales

Mientras que las entidades concretas (naturales y sociales) responden a la pregunta relativa al "qué", los aspectos modales son accesibles a través de la pregunta relativa al "cómo". Del latín heredamos expresiones tales como *modus operandi* y *modus vivendi* en las cuales el *cómo* está representado por el término "modus". Por lo tanto, un aspecto es un modo específico (único) de realidad. En un sentido general es un *modus quo* o un *modo de ser*. Proporciona un marco dentro del cual todas las cosas y todos los procesos dentro de la realidad funcionan. Como equivalente para referirse a facetas, aspectos o funciones, uno puede por lo tanto también hablar acerca de *modalidades*, *aspectos modales* o *funciones modales*.

Funciones sujeto y funciones objeto

Supóngase que una persona no está muy segura de si está observando una silla. Entonces la pregunta natural será: ¿*qué* es esto? Una vez que está cierta de que es observada una *silla*, surgen múltiples preguntas relativas al cómo, tales como ¿*cuántas* patas tiene? ¿*cuán* grande es? ¿*cuán* fuerte es? ¿*cuán* cara es? Y así consecutivamente. La dimensión del "*cómo*" es irreducible al "*que*". Cuando las entidades y los procesos se resuelven en funciones nos encontramos con el *funcionalismo*; y cuando las funciones modales son tratadas como si fuesen entidades son *reificadas* ("*hipostasiadas*"). Afirmar que todo es número (como los pitagóricos) o que todo es físico (como el físicalismo moderno) son ejemplos de abordajes funcionalistas. El hábito de referirse al origen de la vida representa un modo de hablar que cosifica, pues trata a un aspecto (el biótico) como si fuese una entidad. Las entidades vivientes ciertamente tienen una función biótica, pero su existencia excede los límites de su funcionamiento biótico. Esto es evidente en el hecho de que todas las entidades vivientes están basadas en constelaciones físicoquímicas típicas (de átomos, moléculas y macromoléculas) —y ningún biólogo o físico puede negar que los átomos y las moléculas no están vivos (la macromolécula más grande es cerca de un millón de veces más pequeña que la más pequeña de las células vivientes).

Los aspectos modales pertenecen a una dimensión de la realidad que es diferente de las entidades y los eventos (naturales y sociales). Por esta razón la estructura funcional universal de los aspectos modales, contribuye a condicionar la existencia de todas las entidades concretas.

Las cosas materiales, las plantas y los animales, así como los seres humanos, en principio funcionan en todos los aspectos de la realidad. Pero sólo los seres humanos funcionan activamente, es decir como sujetos, en todos los aspectos de la realidad. Mientras que las cosas materiales tienen funciones sujeto en los primeros cuatro aspectos modales (el aritmético, el espacial, el cinemático y el físico), las plantas adicionalmente son también sujetos en el aspecto biótico; y los animales, como criaturas sentidoras, por añadidura son sujetos dentro del modo sensitivo. Las cosas materiales tienen funciones objeto en los aspectos que siguen del aspecto físico. Las plantas tienen funciones objeto dentro de los aspectos posteriores a los bióticos y los animales dentro de los aspectos posteriores a los sensitivos.

Por cuanto las entidades físicas son materiales, no

son objetos sino *sujetos* (sujetos a leyes cuantitativas, espaciales, cinemáticas y físicas); y por cuanto son objetos, mantienen este estatus porque son considerados de acuerdo con una u otra característica posterior a las físicas —por ejemplo, como algo percibido (objeto sensorial), como algo analizado (identificado y distinguido de otra cosa —un objeto lógico analítico), como algo comprado o vendido (objeto económico), y así consecutivamente. Por lo tanto, aunque las cosas materiales podrían ser *objetivadas* por los humanos, esta objetivación presupone su existencia primaria como *sujetos* (físicos). Hablar de ellos en todos los contextos posibles como "objetos" simplemente acentúa el poderoso legado *subjetivista* (centrado en el hombre) en el pensamiento occidental.

La naturaleza multiaspectual de los seres humanos

Dentro del aspecto cuantitativo los seres humanos funcionan como una unidad. Podemos contar seres humanos pues hay muchos de ellos. La particular forma y configuración de nuestros cuerpos pone en relieve la función concreta que tenemos dentro del aspecto del espacio. Los seres humanos se pueden mover —incluso cuando están sentados o acostados comparten el movimiento de la tierra en torno a su eje y alrededor del sol ("en reposo" es por lo tanto relativo; es un "estado de movimiento"). La fortaleza de nuestros cuerpos (o músculos) da expresión a nuestra función dentro del aspecto físico de la operación de la energía. Desde luego que estamos vivos (función biótica) y somos sensitivos (modo sensorial). Tenemos la habilidad analítica para identificar y distinguir. Más aún, estamos activos culturalmente (funcionando así dentro del aspecto histórico cultural), usamos el lenguaje (nuestra función dentro del modo lingual) interactuamos con otros seres humanos en contextos sociales (nuestro funcionamiento social) y podemos comprar y vender cosas (función económica). Por añadidura apreciamos lo que es bello o feo (modo estético), legal o ilegal (modo diquético), moral o inmoral (modo ético) y confiable o no (fiduciario, o de la fe).

Retrocipaciones y anticipaciones en el lado ley y en el lado factual

Dooyeweerd distingue dentro de cada aspecto un lado ley o lado norma y un lado factual, donde el último abarca tanto funciones sujeto como funciones objeto. Por ejemplo, las leyes aritméticas de adición y multiplicación determinan y delimitan los números naturales —sumar o multiplicar cualesquiera dos de ellos siempre arroja una vez más otro número natural. La ley de sustracción no es cerrada sobre los números naturales porque sustraer 12 de 7 arroja un número negativo, a saber -5. Por lo tanto, el reconocimiento de otra ley numérica resulta estar correlacionado con sujetos adicionales en el lado factual de este aspecto, designados como los *enteros*. Del mismo modo, discernir la división (el inverso de la multiplicación) en el lado ley de este aspecto también requiere una nueva correlación de sujetos en el lado factual, a saber, las *fracciones*.

Dentro del aspecto cuantitativo no hay objetos modales, sólo sujetos aritméticos. Por lo tanto, la aplicación de las recién mencionadas leyes cuantitativas solamente vale para relaciones numéricas sujeto-sujeto. Ciertamente, dentro del aspecto espacial hay también relaciones sujeto-sujeto, tales como líneas que se intersecan. Pero éste es el primer aspecto en el que hay también relaciones sujeto-objeto.

Mientras que un sujeto espacial está siempre extendido factualmente en alguna dimensión (tal como una línea unidimensional, un área bidimensional, y así consecutivamente), un objeto espacial solamente sirve como límite (de un modo delimitador). Los límites de un segmento de línea determinado son los dos puntos que la delimitan (con la línea como un sujeto espacial unidimensional). Pero estos puntos límite mismos no son extensos en una dimensión. Dentro de una dimensión, los puntos por lo tanto no son sujetos espaciales sino meramente *objetos espaciales*, dependientes de la extensión factual de la línea. No obstante, una línea puede servir de un modo delimitador similar dentro de dos dimensiones —pues las líneas que delimitan un área no son extensas ellas mismas en un sentido bidimensional.

Estas observaciones presuponen la idea de la unicidad (soberanía de esfera modal) de cada aspecto modal y las conexiones intermodales entre ellos, designadas por Dooyeweerd como analogías que apuntan hacia atrás (retrocipaciones) y analogías que apuntan hacia adelante (anticipaciones).

En el orden óntico de los aspectos el aspecto numérico precede al aspecto espacial. Dentro del primero uno encuentra, por lo tanto, anticipaciones del aspecto espacial; y dentro del segundo retrocipaciones al aspecto numérico. Hablar de 1, 2 o 3 dimensiones dentro del aspecto del espacio refleja analógicamente el significado cuantitativo original de los números naturales 1, 2, y 3. Los números indican un orden de extensión y ahí aparecen en el lado ley del aspecto espacial.

La *distancia* aparece en el lado factual del aspecto espacial y señala hacia atrás al modo numérico porque es especificada proporcionando un *número*. Por lo tanto, representa una analogía retrocipatoria dentro del espacio. Por ende, una línea *no* es la "distancia más corta entre dos puntos". La distancia aquí es la *medida* de la extensión, no la extensión misma. [En la segunda conferencia internacional de matemáticas, que tuvo lugar en París en 1900, David Hilbert incluyó, como el cuarto de los 23 "Mathematische Problemen" que discutió, el "Problema de la línea recta como la *conexión* más corta (*Verbindung*) de dos puntos". Está reimpreso en Hilbert 1970.]

El orden temporal numérico de la sucesión en el lado ley del aspecto numérico revela el significado más básico de la infinitud, en el sentido literal de *carencia de fin* (sin un fin —el infinito *sucesivo*). Es solamente cuando el significado del número es profundizado a través de una analogía anticipatoria, que apunta hacia el orden temporal espacial de simultaneidad (en el sentido de *al mismo tiempo*), que encontramos la idea de las *totalidades infinitas* (empleando la idea del *infinito al mismo tiempo*). [Desde Aristóteles estas dos formas del infinito son designadas como el infinito potencial y al actual. Es interesante que Dooyeweerd haya rechazado el infinito en acto siguiendo a los matemáticos intuicionistas Brower y Weyl, sin darse cuenta de que su propia teoría de los aspectos modales proporciona una explicación válida para el empleo del infinito al mismo tiempo.]

La divisibilidad infinita de cualquier sujeto espacial (factualmente extenso), por contraste, se retrotrae al lado ley del aspecto numérico, donde notamos el orden de sucesión aritmética en su significado primitivo de carencia de fin. La extensión continua de cualquier sujeto espacial encarna el significado factual original de la *relación espacial parte-todo* que implica una retrocipación al infinito sucesivo en el lado ley del aspecto numérico, con su implicada *divisibilidad infinita*. El *intervalo* dentro del sistema de los números racionales refleja analógicamente esta divisibilidad infinita de un sujeto espacial y el segundo, como acabamos de señalar, representa una retrocipación del espacio al significado primitivo del infinito sucesivo en el lado ley del aspecto numérico.

Una implicación de las analogías retrocipatorias y anticipatorias dentro de la estructura de los aspectos modales es que cada ciencia especial tiene que dar cuenta del significado específico en el que se emplean estos elementos analógicos. Ilustraremos ahora este punto con referencia al campo de experticia científica especial de Dooyeweerd, la ciencia del Derecho, delimitada por el aspecto diquético:

Aspectos	Retrocipaciones y Anticipaciones
Aspecto de la fe	Certeza diquética/jurídica (confianza)
Aspecto ético	Moralidad diquética/jurídica
Aspecto diquético	diquética/jurídica
Aspecto estético	Armonía diquética/jurídica
Aspecto económico	Economía diquética/jurídica (evitar el exceso)
Aspecto social	Interacción diquética/jurídica
Aspecto lingual	Significación e interpretación diquética/jurídica
Aspecto histórico cultural	Poder diquético
Aspecto lógico analítico	Legalidad e ilegalidad diquética (consistencia)
Aspecto sensorial	Sensibilidad diquética/jurídica
Aspecto biótico	Vida diquética/jurídica
Aspecto físico	Dinámica diquética/jurídica (causalidad)
Aspecto cinemático	Constancia/movimiento diquético/jurídico (transferencia, transmisión)

| Aspecto espacial | Esfera diquética/jurídica, jurisdicción, ámbito |
| Aspecto aritmético | Orden diquético/jurídico (unidad y multiplicidad) |

El significado nuclear de un aspecto reside en su núcleo significativo, el cual garantiza su unicidad, irreducibilidad e indefinibilidad. Dooyeweerd sostiene que los elementos del núcleo primitivo (indefinible) característicos de la unicidad de cada aspecto están incrustados dentro de la estructura modal general de estos aspectos. Su teoría conjetura que todo aspecto modal único (funcional), por lo tanto, tiene un núcleo significativo que cualifica todas las referencias analógicas a otros aspectos. En el lado factual de los varios aspectos uno encuentra relaciones sujeto-sujeto y sujeto-objeto que están correlacionadas con el lado ley de cada aspecto y sujetas a él (también expresadas en la correlación de *orden temporal* y *duración temporal*).

La estructura general de un aspecto modal abarca las siguientes características.

Como el núcleo significativo de un aspecto es *indefinible,* todo intento por definirlo termina en una tautología, en una reducción (la cual es antinómica) o simplemente yerra el blanco. Los términos indefinibles son *términos primitivos.*

Términos primitivos

De acuerdo con Yourgrau, Gödel "insistió en que para conocer los conceptos primitivos uno debe no solamente entender sus relaciones con otros primitivos, sino que debe captarlos por sí mismos, mediante una especie de 'intuición'". Debiera observarse, sin embargo, que este enunciado no toma en cuenta que los términos primitivos no son conceptos primitivos. Necesitamos una *palabra* (un "término primitivo") para *designar* nuestra *compenetración intuitiva*, pero ésta excede los límites de los *conceptos*. Aceptar que hay términos primitivos impide un regreso al infinito y requiere una compenetración intuitiva basada en lo que es evidente.

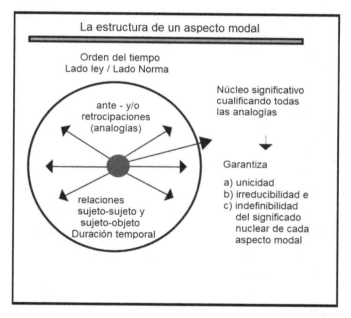

El dotado matemático alemán David Hilbert creía que habría de ser posible proporcionar una *demostración* formal de la consistencia y completud de un sistema axiomático en las matemáticas, pero el juvenil genio de Gödel, a la edad de 25 años, arruinó este sueño en 1931. Hilbert murió en 1943 y tres años después su estudiante Hermann Weyl (1946) escribió (con vista al resultado de la demostración de Gödel y ante la inevitabilidad de tomar en cuenta lo que es evidente): "debe haber sido duro para Hilbert, dado a la axiomatización, reconocer que la compenetración de la consistencia ha de adquirirse mediante razonamiento intuitivo basado en evidencia y no en axiomas".

Dooyeweerd comenta sobre el intento de Russell (en 1903) de definir el número 2 con la ayuda de su concepto lógico de clase. "1 + 1 es el número de una clase –*w*– que es la suma lógica de dos clases –*u*– y –*v*– que no tienen ningún término en común y cada una de las cuales tiene solamente un término". Dooyeweerd reconoce el círculo vicioso en esta definición, pues, para llegar al número 2, Russell tuvo que usar este número para distinguir ¡las *dos* clases! *u* y *v*. Dooyeweerd subraya que "para la simple distinción de las clases necesita el número en su significado original de cantidad" –claramente un argumento circular.

Por lo tanto, Hilbert se hallaba en lo correcto al enfatizar, en 1913, que la lógica y la aritmética no pueden analizar sus respectivos campos de investigación sin reconocer las interconexiones entre estos dominios. Declara:

Sólo cuando analizamos con atención nos damos cuenta de que al presentar las leyes de la lógica hemos ya tenido que emplear ciertos conceptos aritméticos básicos, por ejemplo el concepto de conjunto y parcialmente también el concepto de número, particularmente el de número cardinal [*Anzahl*]. Aquí terminamos en un círculo vicioso y para evitar paradojas es necesario llegar a un desarrollo parcialmente simultáneo de las leyes de la lógica y la aritmética.

El académico del Derecho Leo Polak trató de definir el significado de lo diquético como sigue: "la retribución es una armonización objetiva, transegoísta, de los intereses". En el *Systematic Volume* de su *Encyclopedia of the Science of Law* Dooyeweerd muestra que esta definición yerra completamente el blanco:

Polak quiere expresar el significado de lo que es normativo y conforme a la ley con el término 'objetivo'. Pero, como toda esfera nómica normativa tiene su lado ley, esto no es en lo absoluto especificar lo que es distintivo acerca del significado de la retribución. El 'elemento transegoísta' es derivado del significado del amor al prójimo en un sentido moral y por lo tanto tiene un significado no diquético. En el elemento 'armonización de intereses' el término 'interés' carece totalmente de cualquier delineación. Hay intereses científicos, intereses sociales, intereses económicos y estéticos, intereses legales e intereses cívicos. ¿Cuál de estos significados es el que se intenta expresar? ¿Intereses legales? Pero entonces esta definición sufre del bien conocido error lógico que incorpora en la definición exactamente aquello que debiera ser determinado por la definición. Finalmente, la palabra 'armonización', en tanto que es usada sin ninguna cualificación modal, está relacionada con el núcleo significativo del aspecto estético, el cual es reflejado sólo analógicamente en el momento de una armonización diquética de los intereses. Por lo tanto, el modo retributivo tiene que cualificar este momento, pero nunca puede ser cualificado por él. El resultado es un concepto general que carece completamente de cualquier delimitación. Podría de la misma manera ser visto como una regla moral acerca de la distribución de los diezmos.

Los conceptos elementales básicos de las disciplinas académicas

Los científicos especiales tienden a pensar que su propia disciplina emplea conceptos que son peculiares a esa disciplina específica. Esto explica porqué algunos académicos por un lado quieren deshacerse de ciertas figuras o metáforas "desorientadoras", pero por el otro quieren demarcar un universo de discurso único y, de ser posible, incluso exclusivo.

El sociólogo Fichter (1968), por ejemplo, descarta las "metáforas orgánicas" e incluso asevera que las *analogías* son *prescindibles*. No obstante, continuó analizando el problema de las *constantes*. Sin embargo, el término *constancia* pertenece originalmente al dominio del *aspecto cinemático* del *movimiento uniforme* (*constante*). La implicación es que podría ser usado por otras disciplinas solamente de un modo *no original*, esto es, de una manera *analógica*. Fichter cree que lo que considera conceptos básicos representan "elementos

constantes que aparecen por doquier". Pero Fichter
no se da cuenta de que el término "por doquier" se
deriva del aspecto espacial de la realidad. Considérese
meramente el término espacial equivalente: *universal*.
De modo similar, el término "elemento" refleja el
significado único del aspecto cuantitativo, pues está
relacionado con el significado de *multiplicidad*: *el uno
y los muchos*. Esto implica que Fichter tuvo que usar
necesariamente términos numéricos y espaciales para
explicar su empleo del término (cinemático) *constancia*.

Lo que ha sucedido aquí es que el análisis de los
conceptos elementales básicos de una ciencia especial
no puede lograrse usando implícita o explícitamente
otros momentos estructurales analógicos (analizados
o todavía no analizados) dentro de la estructura modal del aspecto en cuestión.

No debería sorprendernos que Fichter, sobre la
base de su introducción de "constantes sociales",
hable de dinámica social y cambio social, y unas cuan-
tas páginas después también acerca de causas sociales. Sin embargo, la relación entre causa y efecto se
manifiesta en primer lugar dentro de la estructura del
aspecto físico de la realidad. Análoga a esta relación
física, la sociología emplea el concepto (analógico
básico) de causación social (en 1942 McIver escribió
un libro sobre este tema). En otras palabras, aunque
Fichter cree que puede prescindir de las anteriores
"analogías imaginativas" usadas por los sociólogos
a través del desarrollo de una "terminología pro-

pia", continúa (si bien inconscientemente y sin tener la intención de hacerlo) usando ciertos conceptos analógicos –incluyendo los del aspecto biótico (tales como la frase: "vida social").

En su enciclopedia de la ciencia del derecho Dooyeweerd enlista los conceptos básicos elementales analizados en este volumen sistemático:

> norma legal, sujeto legal y objeto legal, hecho legal, derecho subjetivo y deber legal, área de validez y el locus de un hecho legal, legalidad e ilegalidad, atribución jurídica y responsabilidad, voluntad jurídica, causalidad jurídica (fundamento legal, consecuencia legal por lo que concierne al lado ley; la causalidad subjetiva u objetiva de, respectivamente, una transacción legal o un hecho legal objetivo, por lo que concierne a lado sujeto), positivación jurídica y la forma jurídica originadora (la fuente formal del derecho), órgano legal y competencia jurídica (poder legal), interpretación jurídica de y significación legal, falla o culpa jurídica, buena moral, buena fe.

Una vez que los conceptos básicos elementales han sido analizados, uno tiene que proceder a un análisis de los conceptos básicos compuestos o complejos de una disciplina.

Los conceptos compuestos básicos de las disciplinas académicas

Los conceptos básicos compuestos de una disciplina incorporan múltiples conceptos básicos elementales *a la vez*. En su *Encyclopedia of the Science of Law*,

Dooyeweerd procede con un análisis de conceptos básicos compuestos tales como sujeto legal, objeto legal, derecho subjetivo, normas jurídicas y así consecutivamente.

Habremos de explicar como ejemplo cómo es que el abordaje de Dooyeweerd nos permite articular el concepto de una ley (natural) y de una norma (principio).

Intrínseca a la noción de una ley natural es la naturaleza de una *orden para*. Esto apela a la *unidad* en la *multiplicidad* de diferentes leyes naturales, pues sin tal unidad habría un choque de leyes, aboliéndose la posibilidad de un *orden de leyes*. El papel constitutivo del modo está claro en este concepto de *orden*. Más aún, una ley implica su correlato, a saber, aquello que *está factualmente sujetado a la misma* —esta compenetración implica el alcance universal inherente de una ley que es dependiente de la noción espacial de *por doquier* (en todos los lugares). Sin la distinción espacial (dimensional) entre arriba y abajo, la supuesta correlación de ley y sujeto no tiene ningún sentido. Que la validez de una ley natural no es algo incidental es capturado por el reconocimiento de su constancia, la cual demuestra el papel constitutivo del modo *cinemático* en nuestro entendimiento de una ley natural. La noción de *validez* (vigencia) deriva del significado nuclear del aspecto físico, y tiene que ser incorporado en el concepto de ley natural, porque de otra manera la habilidad para decir que una ley *determina* aquello que está sujeto a ella se derrumbaría.

El concepto básico compuesto complejo de ley natural puede ser por lo tanto formulado incorporando términos de los aspectos numérico, espacial, cinemático, así como del físico:

Como orden único, distinto y universalmente válido para lo que estafa actualmente correlacionado con una ley natural y sujeta a ella, una ley natural se mantiene (ya sea de un modo no especificado, en el caso de las leyes modales, o de un modo especificado como en el caso de las leyes tipo) dentro del dominio dentro del cual condiciona aquello que está sujeto a la misma.

Con respecto a la naturaleza de las *normas* o *principios*, Dooyeweerd encaró dos extremos. Una opción es reclamar validez universal para los principios normativos *per se*. Alternativamente, uno puede afirmar que no hay puntos de partida universales o constantes para la acción humana, pues todas las decisiones positivas de los seres humanos son *variables* (cambiantes). Las teorías tradicionales de la *ley natural* eligen la primera opción, mientras que el *positivismo legal* optó por la segunda.

El sucesor de Dooyeweerd en la Universidad libre, H. J. Hommes, caracteriza sucintamente el concepto tradicional de ley natural en su disertación (1961) como sigue:

La ley natural en su sentido tradicional es la totalidad de las normas legales prepositivas (que no ha sido traídas a la existencia a través de una declaración humana de la voluntad en la formación de la ley) que son inmutables, universales y válidas per se así como los derechos naturales subjetivos eventuales y sus deberes correlacionados, basados en un orden natural (sea uno que se retrotraiga a un origen divino o no), tal que el ser humano puede derivarla del orden natural con la ayuda de la razón natural.

Sin embargo, a comienzos del siglo XIX, el positivismo legal recibió su aliado más poderoso en el moderno *historicismo* (posterior a la Ilustración). En 1815 Von Savigny escribió, en el primer volumen de la recién establecida Revista para la Historia y la Ciencia del Derecho (*Zeitschrift für geschichtliche Rechtswissenschaft*), que la ley es un fenómeno puramente histórico y que además de la ley positiva no hay un sistema legal inmutable y eterno de leyes naturales.

Para trascender la exclusividad mutua de estas dos posiciones, Dooyeweerd se dio cuenta de que se requería el reconocimiento de la *normatividad óntica*. Tales puntos de partida normativos ónticos no son el *resultado* de la intervención y la construcción humanas, puesto que yacen en la base de toda conformación y construcción humanas. Los contrarios normativos, tales como lógico-ilógico, diplomático-grosero, frugal-desperdiciado, lega-ilegal, y así consecutivamente, dependen de puntos de partida universales y constantes (principios). Aunque puede haber desacuerdo acerca del significado del análisis, de la asociación, el economizar o de la prosecución de la justicia, la realidad de los contrarios mencionados afirma la subyacente estructuración normativa de estas capacidades humanas. Este entendimiento de los principios trasciende la inclinación subjetivista de la filosofía moderna en tanto que acepta la existencia de principios normativos en un sentido verdaderamente óntico trascendental. Esta perspectiva se opone tanto a la posición racionalista de la ley natural como a la actitud irracionalista compartida por diferentes tendencias del positivismo jurídico.

Una vez que es cuestionada la suposición implícita de la autonomía humana, se torna claro que nuestra humana experiencia de las relaciones legales y nuestro humano sentido de la justicia no son el producto de una construcción individual o colectiva (racional), puesto que todo lo que podemos observar dentro del dominio de las relaciones legales (y otras esferas de normatividad) está basado en la estructura normativa del aspecto diquético (y otros) de la realidad, y es posibilitado por ella. Una investigación sobre lo que hace posible toda forma positiva de nuestra experiencia normada de la realidad procede en lo que podría llamarse un método *empírico trascendental*.

El legado de la ley natural discernió un elemento de la estructura subyacente (universal, constante) de nuestra experiencia legal, pero distorsionó su significado al suponer que aquellos principios subyacentes habían sido ya *validados* (*puestos en vigencia*) para todos los tiempos y todos los lugares. No obstante, ningún principio en este sentido óntico fundamental es válido *per se*. Todo principio requiere de la *intervención humana* para ser validado; esto es, ningún principio óntico (prepositivo) vale por sí mismo. Sólo los seres humanos son capaces de ponerlos en vigencia y sólo los seres humanos pueden darles una forma positiva o configurarlos. Diferentes escuelas de pensamiento designan al resultado de dar forma a principios subyacentes como positivaciones (mencionamos a Habermas, Smend y Hartmann).

El historicismo, en contraste, está justificado al cuestionar la idea metafísica de *principios inmutables y eternos de la ley natural* que son (supuestamente) válidos *per se*. Pero su énfasis en la supuestamente intrínseca *mutabilidad* de la realidad *histórica* derrumba el significado normativo de la ley y la justicia en un relativismo carente de ancla. En la práctica legal resulta en una explicación meramente formal que en realidad sanciona poniendo cualquier contenido arbitrario en la forma de una ley.

Dooyeweerd está por lo tanto justificado al rechazar la posición asumida por Kelsen, quien sostiene en su *Reine Rechtslehre* (Teoría pura del Derecho, 1960) que "todo contenido arbitrario puede ser ley. No existe ninguna acción humana que, de acuerdo con su cualidad, este excluida de ser el contenido de una norma legal".

Sin una compenetración en la relación fundamental entre constancia y cambio (dinámica) no será posible ninguna explicación correcta de la normatividad. El historicismo y el posmodernismo enfatizan el cambio a *costa* de la constancia, en vez de darse cuenta de que el cambio sólo puede ser detectado sobre la base de la constancia.

El ideal moderno de la libertad autónoma (ejemplificado, entre otros, en el pensamiento de Rousseau, Kant y Rawls) de hecho cosifica la libertad de los sujetos humanos para dar forma positiva o positivar principios normativos prepositivos diquéticos (y de otro tipo). Sin el reconocimiento de tales principios (universales y constantes), dependientes de la intervención humana para hacerlos válidos, no se pueden evitar los extremos de la ley natural y el historicismo.

Los primeros tres puntos modales de entrada son suficientes para caracterizar la naturaleza de un principio prepositivo (es decir, todavía no positivado). En este sentido todo principio sirve como punto constante y universal de partida para la acción humana – empleando claramente términos derivados de los aspectos numérico (punto de partida), espacial (universal) y cinemático (constante). Cuando se expande el alcance de nuestro análisis más allá de estos tres primeros modos de explicación, uno puede explicar un principio como un concepto básico compuesto del siguiente modo:

Un principio es un punto de partida para la acción humana universal y constante que solamente puede validarse (ponerse en vigor) por un órgano competente con una voluntad responsable (libre), capaz de dar una forma positiva a tal punto de partida en diferentes situaciones históricas, a la luz de una interpretación apropiada de las circunstancias relevantes, y resultando en una positivación conforme a la norma o antinormativa del principio en cuestión.

El desafío que encaraba Dooyeweerd fue de producir una circunscripción del concepto de ley (en su sentido jurídico) por lo que concierne tanto a su lado ley como a su lado factual. El resultado de su respuesta, se encuentra en el segundo volumen de su *magnum opus Una nueva crítica del pensamiento teórico*. Reza como sigue:

1. El significado modal del aspecto jurídico en su lado ley es: la unidad (el orden) en la multiplicidad de normas retributivas positivadas a partir de principios supraarbitrarios que tienen un particular sentido significado, área y término de validez. En la correlación de las funciones interpersonales y comunales de las esferas de competencia, estas normas han de ser imputadas a la voluntad de los órganos formativos, y regulan el balance en una multiplicidad de intereses interpersonales y de grupo de acuerdo con fundamentos y efectos, en la coherencia de funciones permisivas y prohibitivas (o inductivas) mediante un proceso de armonización que evite cualquier exceso en el núcleo significativo de la retribución.

2. El significado modal del aspecto jurídico en su lado sujeto es la multiplicidad de las relaciones sujeto-objeto factuales retributivas imputables a la voluntad subjetiva de sujetos calificados

para actuar, o por representación a aquellos que no están así calificados. Estas relaciones sujeto-objeto están vinculadas a un lugar y tiempo, en la correlación de los derechos y deberes comunales e interpersonales de sus sujetos. En su significado positivo –de acuerdo con (o en conflicto con) las normas jurídicas– estas relaciones sujeto-objeto son causales con respecto al balance armonioso de intereses humanos en el significado de la retribución.

La apertura como profundización del significado

Mientras que las retrocipaciones son bloques de construcción constitutivos (siempre presentes) dentro de un aspecto modal, sus analogías anticipatorias dependen de que sea abierto a través de un proceso de apertura del significado. En conexión con las anticipaciones y retrocipaciones entre el número y el espacio se señaló que el significado primitivo de la infinitud (carencia de fin numérica) podía ser profundizado mediante una anticipación numérica a la relación espacial entre el todo y las partes, incorporada en la idea de *totalidades infinitas*. Inherente a esta apertura es la idea del *infinito a la vez*. Funciona como una *hipótesis reguladora* dentro del pensamiento matemático. Emplear el infinito a la vez hace posible, por ejemplo, hipostasiar cualquier secuencia interminable (el infinito sucesivo) de números como si todos los elementos de tal secuencia de números estuviesen dados *a la vez*, como una *totalidad infinita*.

Considere la apertura del aspecto histórico cultural. La contrariedad normativa histórico-ahistórico desarraiga la preocupación positivista con los *hechos* históricos pues, sin aplicar implícitamente una norma histórica de desarrollo, sería imposible hablar de eventos históricos reaccionarios o revolucionarios. Reacción y revolución presuponen el significado normativo de la constancia histórica (continuidad) y cambio histórico –revelando en el lado norma la coherencia entre el aspecto histórico y el papel fundamental de los aspectos cinemático y físico. Los movimientos reaccionarios se aferran al *status quo* sin ninguna flexibilidad o voluntad para encarar el desafío de las cambiantes circunstancias históricas. En contraste, los movimientos revolucionarios toman tales desafíos tan seriamente que no dejan ningún espacio para cualquier continuidad histórica.

Es sólo cuando prevalece una correcta aplicación de la norma (constitutiva) de la continuidad histórica que tiene lugar una reforma constructiva que evita los extremos históricamente anti normativos de reacción y revolución. El desarrollo histórico siempre está confrontado con una lucha entre las fuerzas progresistas y conservadoras, pero solamente a través de una reforma que respeta la continuidad es posible meter estas fuerzas opuestas al sendero de la conformidad a la norma histórica

La tradición, como guardiana de la continuidad histórica, no sólo encarna el legado valioso del pasado, sino que también llama a una reforma continuada. Pero cuando tiene lugar una reforma responsable, sólo causa cambios sobre la base de la continuidad histórica y no a costa de ella.

En el contexto del aspecto histórico, la naturaleza de los principios históricos, la cual impone tareas, implica que el llamamiento al control (formativo) –sobre los semejantes seres humanos (la *competencia* conferida a uno u otro *oficio* social) y sobre los objetos culturales hechos por la humanidad– se expresa en procesos que violan o se conforman a los principios fundamentales de la diferenciación histórica y la integración histórica. Estos principios son principios funcionales que exhiben la universalidad modal del modo histórico cultural.

Los principios históricos constitutivos no son eliminados cuando tiene lugar una profundización o apertura del significado del aspecto histórico. El primer elemento de la profundización del significado del aspecto histórico se encuentra cuando la consciencia de lo que es históricamente importante se materializa en inscripciones, monumentos, narrativas históricas escritas, y así consecutivamente. Éstos sirven como fuentes para el historiador. La diferencia entre lo que es históricamente importante y lo que es insignificante es hecha posible por la coherencia anticipatoria entre el aspecto histórico cultural y el modo del signo. Como lo entendiera Hegel, las culturas en las que este momento anticipatorio todavía no ha sido abierto no participan, hablando estrictamente, en la historia del mundo.

Los momentos de significado constitutivos dentro del aspecto histórico cultural adquieren un nuevo significado bajo la guía de momentos reguladores. Por ejemplo, un entendimiento articulado de lo que es históricamente importante permite una identificación más matizada de una comunidad cultural con su pasado histórico y a la vez resalta avenidas a través de las cuales lo que es fructífero en su tradición podría ser proseguido en un desarrollo histórico adicional. Una vez que la anticipación social se abre, la interacción social con otras culturas conduce a un desarrollo igualmente articulado de la identidad nacional de las comunidades. La unicidad e individualidad de las culturas es así reconocida. Pero como los contornos de los aspectos normativos de la realidad abarcan la naturaleza multifacética de todas las culturas, su unicidad e individualidad sólo se puede manifestar dentro de dimensiones compartidas de normatividad, pues individualidad y universalidad no son opuestos, sino rasgos mutuamente coherentes de toda creatura o realidad social concretamente existente.

La esfera interna de competencia de toda comunidad y colectividad social nuevamente diferenciada que exige respeto, pero siempre que éste no se obtiene la historia relata los muchos abusos unilaterales del poder, los cuales conducen a situaciones en las que un sector de la sociedad viola la soberanía de esfera interna de otra. Durante la Edad Media la Iglesia Católica Romana excedió los límites de la iglesia como institución e incidió excesivamente en las esferas de competencia de los dominios no eclesiásticos de la vida. Del mismo modo, después del Renacimiento, el moderno ideal humanista de la ciencia violó la integridad de todo dominio no académico de la vida (Kant, en su *Crítica de la razón pura*, afirmó que ni siquiera la ley y la religión podían sustraerse al escrutinio crítico de la razón).

Lo que es excesivo dentro del desarrollo histórico conduce a la desarmonía dentro del proceso de apertura cultural. En su extenso análisis del proceso de apertura histórico (NC-II) Dooyeweerd especifica este punto como sigue:

Cualquier lucha *excesiva* o *extravagante* por el poder, que ignore los principios fundamentales modales de economía y armonía cultural, se rompe en pedazos ante el poder de las otras esferas culturales diferenciadas. O, si éstas han perdido ya el poder para resistir al usurpador, termina en el derrumbe de una cultura entera. La historia del mundo ofrece muchas ilustraciones de esta verdad fundamental.

A esto agrega que "sin este eros cultural no puede aparecer ninguna gran obra singular en el curso del desarrollo abierto de la civilización. Pero este momento de eros en el poder formativo sólo puede revelarse de una manera correcta si se respetan los principios de economía y armonía cultural. De otra manera el amor cultural es desnaturalizado y convertido en idolatría".

Finalmente, Dooyeweerd muestra como el aspecto de la fe guía la dirección presente en cualquier proceso cultural de apertura.

La apertura también puede tener lugar dentro de los aspectos posthistóricos, tales como el aspecto diquético. Como el aspecto diquético es fundamental para el aspecto moral (ético), puede todavía aparecer solamente en su significado restrictivo, "todavía no abierto". Tal sistema de ley penal exhibirá todavía todos los momentos de significado constitutivos dentro del aspecto diquético. Lo que es particularmente impactante en una sociedad indiferenciada con una consciencia diquética cerrada es el dominio de una forma de responsabilidad sobre la base de los efectos de una acción solamente (en alemán conocidos como "Erfolgshaftung"). Una persona es hecha responsable por los efectos (consecuencias) de una acción sin tomar en cuenta las intenciones del perpetrador – la bien conocida *lex talionis* aplicaba la proporcionalidad de ojo por ojo y diente por diente. Por un lado, esta medida establecía un cierto balance jurídico, porque uno no tiene derecho a tomar una cabeza por un ojo. En las sociedades indiferenciadas, esta consideración está intercalada con la responsabilidad colectiva.

No obstante, sólo cuando la consciencia diquética de una sociedad y el orden jurídico del Estado sean profundizados regulativamente bajo la guía del aspecto del amor moral, será posible explicar la disposición moral del perpetrador, por las intenciones subjetivas de la persona que cometió la acción. Sólo entonces los principios (abiertos) de la moralidad diquética entran en juego, tales como el principio de la falta —en sus dos formas: *dolus* (intención) y *culpa* (culpabilidad). En neerlandés y alemán, el término

'Schuld' se traduce normalmente como falta o culpa. [Alan Cameron, quien sirvió como editor especial de la Introducción a la *Enciclopedia de la ciencia del derecho* de Dooyeweerd, señala que en las jurisdicciones de ley común de habla inglesa, "falta" se reserva usualmente para los perjuicios civiles (agravios) y "culpabilidad" para los perjuicios criminales, pero que Dooyeweerd "usa 'Schuld' para referirse a ambos tipos de perjuicio (es decir para las faltas tanto civiles como criminales)". Por lo tanto se puede traducir como "falta" en un sentido más amplio, no específico a ninguna categoría particular de perjuicio legal.]

Contradicción y antinomia

El alcance de los principios lógicos de identidad y (no) contradicción se aplica a la capacidad humana de concebir y argumentar. En su bien conocida *Introducción a la lógica*, el lógico I. M. Copi declara que el "principio de contradicción asevera que ningún enunciado puede ser verdadero y falso" (edición de 1994).

Fue Emanuel Kant quien nos proveyó en sus *Prolegómenos* (1783) con el ejemplo clásico de un concepto ilógico –a saber el de un círculo cuadrado. Establecer que este concepto es ilógico implica que un estándar normativo ha sido aplicado y que dicho concepto no se conforma al requerimiento del "debería ser" inherente en este estándar normativo. Confundir dos figuras espaciales viola las exigencias para identificar y distinguir propiamente: un cuadrado es un cuadrado (identificación lógicamente correcta) y un

cuadrado no es un no cuadrado (tal como un círculo
–distinción lógicamente correcta).

El pensar de un modo lógicamente antinormati-
vo, esto es el pensar ilógicamente, no obstante, permanece vinculado a la estructura de la logicidad y no
se convierte en algo alógico (no lógico), tal como lo
económico, lo moral o lo diquético. Se dice que estas
facetas (no lógicas) de nuestra experiencia son alógi-
cas, pero no ilógicas.

Considere ahora la paradoja de Zenón de la flecha
voladora. Declara: "algo que se mueve no se mueve en
el espacio que ocupa ni en el espacio que no ocupa"
(B Fr. 4). Comienza concediendo la realidad del movimiento: "algo se mueve", pero entonces se plantea la
problemática pregunta: "¿Dónde se mueve?". No se
mueve en el espacio que ocupa, ni en el espacio que
no ocupa; por lo tanto, después de todo no se mueve.
Lo que se concedía inicialmente, a saber, el movimiento, es entonces congelado en distintos "momentos" inmóviles del tiempo (lugares estáticos en
el espacio). En el volumen dedicado a su teoría de las
esferas nómicas modales (NC-II), Dooyeweerd señala que esta antinomia resulta del intento (teórico) de
reducir el movimiento (el flujo uniforme) al espacio
estático. [Una antinomia es literalmente un choque
de leyes. Confunde diferentes aspectos modales y es
por lo tanto intermodal en naturaleza. En contraste,
una contradicción lógica confunde algo dentro de un
aspecto modal y a su vez es de naturaleza intramodal
–tal como el confundir dos figuras espaciales en el

concepto ilógico de un círculo cuadrado.]

Conflicto un choque entre distintas leyes funcionales (modales) desde luego demuestra la naturaleza de una antinomia teórica. Después de todo, en el mundo real estos dos modos de ser son únicos y mutuamente coherentes. No obstante, el intento de reducir un modo único a otro resulta invariablemente en genuinas antinomias (teóricas).

En este sentido, las antinomias por lo tanto tienen que ver con una confusión intermodal; esto es, con una una falta de distinción propiamente entre diferentes modos, funciones o aspectos de la realidad.

Más aún, una antinomia siempre implica una contradicción lógica, mientras que una contradicción no necesariamente presupone una antinomia. El anteriormente mencionado concepto ilógico "círculo cuadrado" ejemplifica un caso en el que dos figuras espaciales no son propiamente identificadas y distinguidas. En otras palabras, una contradicción como ésta tiene un carácter intermodal, pues su confusión se relaciona con cosas dadas dentro de los límites modales funcionales de un aspecto o función solamente. El intento de Zenón de reducir el movimiento al espacio implica la contradicción: algo en movimiento puede moverse si sólo si no se puede mover.

El historicismo deifica el aspecto histórico cultural pues no solamente sostiene que todo cambia constantemente, sino que todo *es* historia. Sin embargo, sólo lo que *no* es intrínsecamente histórico en su naturaleza puede tener una historia. Por lo tanto, es precisamente debido a que el aspecto diquético, el aspecto económico y el aspecto estético no son de naturaleza histórica que podemos hablar de *historia legal, historia económica* e *historia estética.* La ironía de los modos de pensar reduccionistas de los *ismos* es que logran lo opuesto de lo que pretendían. Si todo *es* historia entonces no queda nada que pueda *tener* una historia.

Hemos observado que Dooyeweerd introduce un nuevo principio óntico, el principio de la *antinomia excluida (principium exclusae antinomiae).* Como el principio de no contradicción no puede establecer cuál de dos enunciados contradictorios es el verdadero, otro principio es requerido para referirnos, más allá de la lógica, a los estados de cosas necesarios dentro de la realidad para decidir cuál es verdadero. Leibniz descubrió este principio y lo llamó el *principium rationis sufficientis* (el principio de razón suficiente). Es por lo tanto la *antinomia excluida* la que prohíbe las reducciones intermodales (las cuales invariablemente resultan en antinomias).

La dimensión del tiempo óntico

DE ACUERDO CON Dooyeweerd la dimensión del tiempo abarca a todos los aspectos y entidades. Lo que es único y novedoso en su teoría del tiempo es que no reduce esta dimensión a un solo aspecto, tal como el tiempo físico. Distingue entre tiempo en el lado ley de la realidad (el orden del tiempo) y el tiempo en el lado factual (la duración temporal). Por ejemplo, el orden biótico del tiempo para "los organismos más altamente desarrollados" se revela en la sucesión de nacimiento, crecimiento, maduración, envejecimiento y muerte —correlacionado con los ampliamente diferentes periodos de vida de las entidades individuales vivientes.

En su obra sobre los fundamentos de la física (1980) Stafleu relaciona la medición del tiempo con los primeros cuatro aspectos modales:

Esto se muestra de la manera más clara mediante un análisis del desarrollo histórico de la medición del tiempo. Inicialmente, la medición del tiempo se hacía simplemente contando (días, meses, años, etcétera). Posteriormente, el tiempo fue medido mediante la posición relativa del sol o de las estrellas en el cielo, con o sin ayuda de instrumentos como el reloj solar. En culturas todavía más avanzadas, el tiempo fue medido mediante el uso del movimiento regular de obras de relojería más o menos complicadas. Finalmente, en recientes desarrollos el tiempo es medido mediante procesos irreversibles, por ejemplo, en relojes atómicos.

Las fases a través de las cuales la medición del tiempo se desarrolló reflejando diferentes modos de explicación pueden ser correlacionadas con las unidades de medida identificadas por Lorentz en *Protofísica* (1976 y 1989). Distingue cuatro unidades que reflejan los cuatro modos de explicación operativos en la recién mencionada historia de la medición del tiempo, a saber, *masa, longitud, duración* y *carga*. Esto muestra que el generalmente aceptado entendimiento del tiempo (que lo vincula meramente con la duración) está actualmente insertado en un contexto que abarca diversos modos de explicación.

Heisenberg (1958), por ejemplo, acepta dos constantes universales (el postulado de la velocidad de la luz de Einstein y el *quantum* de acción de Planck). No obstante, buscaba una tercera constante universal, a saber, una *longitud* universal. Afirma que uno necesita tener al menos tres unidades –sean *longitud, tiempo* y *masa*, o reemplazadas por *longitud, velocidad* y *masa*, o incluso *longitud, velocidad* y *energía*.

Sin embargo, el análisis de Dooyeweerd de los primeros cuatro (irreducibles) aspectos modales de la realidad hubiera ayudado a los físicos a darse cuenta de que desde luego se necesitan cuatro unidades. Claramente, estas cuatro unidades de medición reflejan el significado de los cuatro aspectos fundamentales de la realidad capturados en el diagrama de abajo, a saber, el número ('masa'), el espacio ('longitud'), el aspecto cinemático ('duración') y el aspecto físico (' carga'). Weinert (1998) menciona incluso que usualmente los físicos "distinguen las constantes fundamentales de las unidades convencionales" —y entonces enlista el *kilogramo* (número), el *metro* (espacio), el *segundo* (lo cinemático) y la *temperatura* (lo físico).

	Lorenzen	Heisenberg (a)	Heisenberg (b)	Heisenberg (c)	Heisenberg (d)	Weinert
Físico	carga	cuanto de acción			energía	temperatura
Cinemático	duración	c (velocidad de la luz)	tiempo	velocidad	velocidad	segundo
Espacial	longitud		longitud	longitud	longitud	metro
Numérico	masa		masa	masa		kilogramo

Está claro que implícitamente estos pensadores dan cuenta de diferentes unidades de medida en términos de los cuatro aspectos más básicos de la realidad y también está claro que relacionan el *tiempo* más bien con el aspecto *cinemático* que exclusivamente con el modo físico.

La concepción de Dooyeweerd implica que no estará conciencia del tiempo en realidad excede los confines del *tiempo físico* (el cual es *homogéneo*). El biólogo francés estadounidense Lecomte du Noüy señaló que las fases bióticas de la vida se están acelerando – nacimiento, crecimiento, maduración, envejecimiento y muerte – mostrando así que el ciclo de vida de las entidades vivientes es *heterogéneo* y por lo tanto difiere del tiempo físico. Bergson introdujo su entendimiento de la duración psíquica. Es notable que Hegel y Fichte introdujeron el concepto de "geschichtliche Zeit" (tiempo histórico) – un tópico que fue proseguido por Kierkegaard, Jaspers, Heidegger y muchos otros. En 1949 un profesor holandés de filosofía moderna discutió esta nueva moda en su conferencia inaugural "De Mensch als Historie" (*La naturaleza histórica del ser humano*) (Zuidema, 1949).

Dooyeweerd señaló que todas las definiciones de "tiempo" son en realidad meramente definiciones de *diversas facetas del tiempo*. Teniendo en cuenta el trasfondo en curso se explorará ahora una respuesta alternativa a esta cuestión.

¿Vivimos en un "continuo espaciotemporal"?

Estamos acostumbrados a que los matemáticos y los físicos hablen del *continuo espaciotemporal* en el que vivimos. Lo que tienen en mente es la teoría de la relatividad de Einstein donde el tiempo es agregado como la cuarta dimensión del espacio físico. Sin embargo, es solamente el espacio matemático el que es continuo; el espacio físico *no* es continuo. La similaridad entre el espacio matemático y físico es que ambos son *extensos*, pero dentro de esta similaridad la diferencia se expresa a la vez: la *extensión espacial* es continua en el sentido de que permite una divisibilidad infinita, mientras que el *espacio físico* no es continuo (puesto que está determinado por la estructura cuántica de la energía) y por lo tanto no es infinitamente divisible. Hace casi cien años esta diferencia fue mencionada por David Hilbert (1925). En un artículo incluido en su *Abhandlungen zur Philosophie der Mathematik* (1976) Paul Bernays, el colaborador de Hilbert, también distingue entre espacio físico y espacio matemático: "es sólo a través del desarrollo contemporáneo de la geometría y de la física que se hizo necesario distinguir entre el espacio como algo físico y el espacio como una multiplicidad ideal determinada por leyes espaciales". Como las cosas físicas concretas esta siempre cuantizadas, no pueden ser divididas *ad infinitum*. Desde luego, uno puede revertirse a una descripción matemática aspectual de procesos que involucran energía (con referencia a una *variable continua*), pero entonces la concreción de las entidades físicas es dejada atrás mientras se recurre a una noción matemática *funcional* —en cuyo caso es desde luego significativo sostener que tal variable continua implica divisibilidad infinita. Maddy (2005) alude implícitamente a esta distinción: "pero también es verdad que la aparición de, digamos, una variedad continua en nuestra mejor descripción del espacio-tiempo no parece ser considerada como estableciendo la continuidad del espacio-tiempo; la microestructura del espacio-tiempo sigue siendo una cuestión abierta".

Así que, hablando estrictamente, la popular

concepción del continuo espacio temporal está de-subicada, y pues niega la diferencia entre el espacio matemático y el espacio físico.

El tiempo y el impasse del positivismo

El positivismo sostiene que la fuente última del conocimiento y la verdad se encuentra en la percepción sensorial. Sin embargo, tan pronto como esta máxima es sometida a prueba con referencia al *tiempo*, resulta que se desenmascara un talón de Aquiles del positivismo. Inicialmente, en la cultura griega, la materia es descrita en términos numéricos ("todo es número"), luego en términos espaciales (el punto de partida de la metafísica del espacio griega y la medieval cadena del ser con Dios como *ipsum esse*), seguida por el empleo del *movimiento* como un término explicativo (la clásica cosmovisión mecanicista del universo como *partículas en movimiento*), y finalmente concluyó con el reconocimiento de la naturaleza *física* característica de las cosas materiales.

La pregunta clave es si estos términos aspectuales podrían ser observados de un modo sensorial. ¿Pueden estos términos ser *pesados, tocados, medidos* u *olidos?* Sólo contemple preguntas tales como: ¿cuál es el color del aspecto numérico? ¿A qué sabe el aspecto espacial? ¿Cómo se siente el aspecto cinemático? Y ¿cómo suena el aspecto físico?

Del mismo modo podemos preguntar si el *tiempo* puede ser observado por los sentidos –y si ello es así, ¿por cuáles? ¿Podemos *tocar* el tiempo? ¿Podemos *verlo*? ¿Podemos *oírlo*? ¿Podemos *olerlo*? Toda respuesta afirmativa a esta pregunta será absurda, mostrando que estos *términos funcionales*, así como el término *tiempo*, no puede ser observados por los sentidos. La razón es que ni el tiempo ni los diferentes aspectos de la realidad son cosas concretas. No es difícil darse cuenta de que los términos aspectuales se refieren a una dimensión de la realidad que es diferente de la de las entidades y procesos concretos (naturales y sociales). Estas entidades y procesos funcionan dentro de todos los aspectos de nuestro universo de experiencia.

Consecuentemente, el primer paso que tuvo que dar el positivismo para digerir teóricamente los "datos sensoriales", ha eliminado ya la restricción de conocimiento confiable ¡meramente a los *datos sensoriales*!

Que el tiempo no puede ser identificado con ningún aspecto singular se sigue también de estas consideraciones. Es perfectamente significativo hablar de la *realidad temporal*, pero no tiene sentido caracterizar a la realidad exclusivamente en términos de un aspecto singular (tal como la mencionada convicción pitagórica de que *todo es número*, la creencia materialista de que *todo es físico*, la aseveración historicista de que *toda la realidad es histórica*, o la concepción postmoderna de que *todo es interpretación*). Dooyeweerd desarrolló primeramente su teoría de los aspectos modales y estructuras entitativas (designadas como estructuras de individualidad), y sólo posteriormente (probablemente en 1929) arribó a su primer entendimiento (radicalmente nuevo) de lo que él llamó *tiempo cósmico*. Las concepciones tradicionales del tiempo están identificando constantemente al tiempo con meramente un *aspecto del tiempo* –por ejemplo, como se observó, cuando el "tiempo verdadero" es visto como *duración física, emocional* (Bergson), la cual es *existencial* por naturaleza (donde la existencia es entendida en un sentido histórico –Heidegger), y así consecutivamente.

El mero hecho de que hablamos de la realidad temporal más bien sugiere que el tiempo es una dimensión única de la realidad que entrecruza la dimensión de los aspectos y las entidades en su propia manera. Todo intento de definir el tiempo resulta invariablemente en la mera especificación de un aspecto del tiempo – algo repetidamente resaltado por Dooyeweerd en sus artículos seminales sobre el tiempo (que aparecieron en *Philosophia Reformata* a finales de los 1930 del siglo XX): "comprensiblemente, la filosofía tradicional intentó constantemente delimitar el problema del tiempo de una manera funcionalista. Una y otra vez identificó el tiempo cósmico universal, el cual se expresa a la vez en todos los aspectos modales de la realidad porque proporciona el fundamento para todos ellos, con uno de estos aspectos modales del tiempo".

Es notable que la historia de la filosofía occidental haya tropezado de muchas maneras sobre los diferentes modos del tiempo sin ser capaz de relacionarlos en una teoría general de los modos temporales funcionales. Aunque Emanuel Kant cree que el tiempo es una forma de la intuición (sensorial), esta unilateralidad psicológica es trascendida en su distinción entre los tres 'modos' del tiempo. Su notable observación reza: "los tres modos del tiempo son duración, sucesión y simultaneidad" (CRP 1787).

Leibniz (1965), a su vez, yuxtapone el tiempo —como "un orden de sucesiones" con el espacio— como "un orden de coexistencias". Kant también se dio cuenta de que uno tenía que distinguir entre sucesión y causalidad —pues, aunque el día y la noche se sucedían el uno al otro, carece de significado decir que el día es la causa de la noche o viceversa. En el siglo XX, después de que la física moderna tuvo éxito en trascender su restricción mecanicista, se entendió que el tiempo físico está intrínsecamente conectado con la causalidad, pues el efecto nunca puede preceder a la causa. El orden numérico de la sucesión es *reversible* —manifestado en las direcciones más y menos del sistema de los enteros, cerrado bajo las operaciones de adición, multiplicación y resta. Decir que estas operaciones son cerradas significa que aplicarlas al conjunto de los enteros siempre arroja enteros del mismo conjunto. Cuando se suman, multiplican o sustraen cualesquiera dos enteros, el resultado es siempre otro entero. La simetría de cualquier configuración espacial —el permitir ser puesto de cabeza o del frente hacia atrás— muestra la *reversibilidad* del orden espacial del tiempo, y lo mismo se aplica al orden cinemático del tiempo, pues la descripción matemática de un movimiento constante (como la oscilación de un péndulo) es igualmente válida en ambas direcciones (un mero cambio de signo proporciona una descripción en la dirección opuesta). Finalmente, el orden físico del tiempo es *irreversible*.

Einstein (1959) explica la diferencia entre irreversibilidad física y reversibilidad cinemática (mecánica):

> Sobre la base de la teoría cinética de los gases había descubierto que,Boltzman aparte de un factor constante, la entropía es equivalente a logaritmo de la 'probabilidad' del Estado bajo consideración. A través de esta compenetración reconoció la naturaleza de los cursos de los eventos que, en el sentido de la termodinámica, son 'irreversibles'. Visto desde el punto de vista mecánico molecular, sin embargo, todos los cursos de eventos son reversibles.

De acuerdo con Janich (1975), el alcance de una distinción exacta entre argumentos foronómicos (subsecuentemente llamados sintomáticos por él) y dinámicos puede ser explicado mediante un ejemplo. La física moderna tiene que emplear una interpretación dinámica del enunciado de que un cuerpo sólo puede alterar su velocidad de manera continua. Dadas ciertas condiciones, un cuerpo nunca puede acelerarse de una manera discontinua, es decir, no puede cambiar su velocidad a través de una aceleración infinitamente grande, pues esto requeriría de una fuerza infinita.

Hemos observado que la distinta manifestación del tiempo cósmico dentro de los primeros cuatro modos es evidente, particularmente en la historia de la medición del tiempo, donde nuestra consciencia general del tiempo tiene que ver con lo *anterior y posterior*, la *simultaneidad*, el *flujo del tiempo* y la *irreversibilidad* —todas ellas bien conocidas modalidades del tiempo.

Tan pronto como se analiza el significado del cambio (físico), se hace evidente su dependencia sobre los tres modos fundamentales del tiempo, porque el cambio presupone (el significado modal de) la *constancia*, la *simultaneidad* y la *sucesión*. En su obra sobre el espacio y el tiempo Grünbaum (1974) discute el "principio de la constancia de la velocidad de la luz" de Einstein y señala que tiene que ver con un *límite superior* que solamente se realiza en un *vacío*.

> La teoría especial de la relatividad de Einstein procede a partir de la hipótesis de que una señal luminosa singular tiene una velocidad constante (con respecto a todos los posibles sistemas en movimiento), sin afirmar necesariamente que tal señal en realidad existe. Stafleu (1980 subraya: "el hecho empíricamente establecido de que la velocidad de la luz satisface la hipótesis es comparativamente irrelevante".

Como se ha notado, dentro del aspecto biótico se halla ausente la homogeneidad del tiempo físico porque las fases del tiempo correlacionadas con el orden biótico del tiempo están aceleradas en el sentido de que, entre más vieja se vuelve una entidad, más aprisa ocurre el proceso de envejecimiento. Incluso el así llamado "momento de la muerte" elude el alcance del entendimiento físico del tiempo. Cualesquiera que sean los criterios usados por el biólogo, sólo una vez que han sido aplicados y la entidad viviente (planta, animal, o ser humano) es declarada 'muerta', el físico puede mirar un reloj físico y anotar el (así externamente correlacionado) "momento de la muerte".

El modo sensitivo agrega su propio significado modal único a la experiencia del tiempo, pues mientras que se puede sentir como si un evento aburrido tardase horas, algo intrigante o que captura la atención de uno puede hacer sentir que el tiempo pasa muy rápidamente. Proseguir un argumento en un sentido lógico sólo es exitoso cuando las conclusiones son alcanzadas sobre la base de *premisas*. Incluso si la secuencia física de palabras menciona la conclusión antes de las premisas, el orden lógico del tiempo (*prius et posterior*) siempre será tal que, en un sentido lógico las *premisas* preceden a la *conclusión*.

De manera similar, dentro de cada uno de los aspectos postlógicos, la dimensión del tiempo cósmico "adopta" el significado original de ese aspecto específico. Aunque la conciencia del pasado, el presente y el futuro descansa sobre una realidad "más que modal histórica", la demarcación de períodos, eras y épocas verdaderamente históricos depende del orden funcional del tiempo dentro del aspecto histórico cultural. Sólo cuando se aplican criterios históricos verdaderamente modales (y típicos), es posible entender el significado cultural de las eras históricas. Tal evaluación siempre está relacionada con los que son considerados los eventos y las tendencias históricamente importantes que brotaron y eventualmente se convirtieron en dadoras de dirección y fueron dominantes dentro de una manera particular. Si el tiempo físico fuese el único tiempo 'real', hubiera sido imposible hablar hoy de pueblos que todavía están viviendo en la era de las culturas 'suaves' (que datan de una fecha anterior a la edad de piedra), o acerca de lugares de habitación de los cuales uno podría decir que en ellos el tiempo "se detuvo".

El modo del signo a su vez revela el significado del tiempo cósmico a su manera, pues los efectos semánticos temporales de los signos de puntuación (o las pausas en los actos de habla), son todos relevantes a lo que los usuarios de lenguaje intentan transmitir. Del mismo modo, una consciencia de las prioridades sociales es un recordatorio del tiempo social – incluso en el caso en el que uno permite que una persona importante pase primero a pesar de la propia prisa de uno. Todo mundo entenderá inmediatamente que el *interés* es intrínseco al tiempo económico (no se olvide la bien conocida expresión: "el tiempo es dinero"). Dentro del aspecto estético, la dimensión del tiempo cósmico adopta una matizada diversidad de formas y configuraciones –dependiendo de la naturaleza típica de los diferentes tipos y géneros de arte- tales como las artes escénicas (atadas a una limitada duración que llena este periodo de tiempo con una expresión estética única), la literatura, y por ejemplo la pintura. Pero, incluso a pesar de la aparente atemporalidad de las pinturas y obras de escultura, no sólo duran objetivamente a lo largo del tiempo sino que, en un sentido interno, también dan expresión a su propia presencia estética.

Pero quizá la dependencia en la naturaleza "meramente física" del tiempo recibe su golpe más fuerte de la naturaleza del tiempo diquético, pues dentro de esta esfera uno   a veces encuentra un "calendario" diferente, que no reconoce días festivos públicos y domingos en su "cuenta regresiva" contractual o legislativa, y uno también tiene que reconocer leyes con un efecto *retroactivo*. A través de una declaración de edad (*venia aetatis*) o como efecto de contraer matrimonio, el tiempo diquético involucrado en el "madurar" puede diferir de la edad generalmente especificada de la mayoría en el orden legal de los estados occidentales.

El cortejo y eventualmente el comprometerse y contraer matrimonio obedecen el orden del tiempo normativo del aspecto moral del amor –aunque la duración de estos eventos sucesivos pueda variar considerablemente. Finalmente, dentro del aspecto de la certeza, prácticamente todas las religiones distinguen un orden de crecimiento espiritual, correlacionado con un enriquecimiento factual y una maduración en la fe. A través del ojo de la fe, se aprecia lo temporal con vistas a la eternidad.

Claramente, el tiempo excede los límites de cualquier aspecto de la realidad porque reside dentro de una dimensión fundamental distinta que Dooyeweerd llama *tiempo cósmico*. [Quizá sería menos confuso hablar de *tiempo óntico*, pues el término *cósmico*

nos recuerda demasiado fuertemente lo que es meramente físico en la naturaleza.] Debido a esta dimensión tenemos derecho a hablar de la *realidad temporal*.
Sin embargo, esta posibilidad implica que debiéramos
reconocer que las dimensiones del tiempo y los aspectos funcionales yacen en la base de la dimensión
de las (polifacéticas) entidades concretas. Ninguna
entidad singular es agotada por cualquiera de sus funciones porque está incrustada en la temporalidad intermodal e interestructural de la realidad que abarca
también la recién mencionada tercera dimensión de
la realidad. Estas tres dimensiones son desde luego
constitutivas de nuestro ser en el mundo, forman el
horizonte experiencial de la humanidad.

Es solamente dentro de la ipseidad humana, la
humana yoidad, que trascendemos estas tres dimensiones, porque esta dimensión radical y central abre
la consciencia humana última y la preocupación por
la *eternidad trascendiente del tiempo*. El que compartamos
o no esta perspectiva no es asunto de argumentación
racional, sino de un compromiso último. Afirmar la
temporalidad de la creación supone implícitamente la
eternidad del Creador.

Después de todo, Agustín tenía razón –cuando
no reflexionamos sobre el tiempo, nuestra experiencia intuitiva (vivencia) del tiempo es *integral*, *natural*
y carente de problemas; pero, tan pronto como in-
tentamos conceptualizar, el tiempo nos encontramos
confrontados con una desconcertante dispersión de
los diferentes modos en los que podemos distinguir

aspectos modales del tiempo. Todo concepto del tiempo, sea el del orden de la sucesión temporal, la espacial consciencia de la simultaneidad, el cinemático orden del uniforme flujo temporal, y así consecutivamente, presupone la naturaleza, trascendente a los conceptos, del tiempo cósmico que yace en el fundamento de todos nuestros conceptos del tiempo. La existencia temporal (la persistencia del tiempo) de toda entidad individual no es la mera suma de sus funciones modales, pues como tal pertenece a otra dimensión única de la realidad, distinta de, pero fundamentada en la de los *aspectos modales* y el *tiempo cósmico*. Esta distinción nos impide ser presas de una "teoría de los haces" o de una "teoría de la sustancia" con respecto a la naturaleza de las pólifacéticas entidades concretas.

Como nuestros conceptos del tiempo presuponen esta dimensión integral y distinta del tiempo cósmico, siempre son, en un sentido regulativo, dependientes de nuestra idea del tiempo (esto es, de nuestro conocimiento del tiempo, el cual trasciende los conceptos). Lo que es desde luego *desconcertante* acerca del *tiempo cósmico* es que excede todo concepto posible del tiempo que podamos obtener y por lo tanto en última instancia sólo puede ser aproximado en una *idea que transciende a los conceptos.*

La dimensión de las entidades (naturales y sociales)

Las entidades naturales y sociales, así como todos los eventos (procesos), funcionan en principio en todos los aspectos modales de la realidad. Reminiscente de nuestra breve indicación de todas las funciones sujeto de un ser humano dentro de todos los aspectos de la realidad, podemos ahora aplicar el mismo método para reflexionar brevemente sobre el funcionamiento del Estado dentro de las varias funciones modales (ónticas) de la realidad.

En primer lugar, en el estado abarca una *multiplicidad de individuos* normalmente designados como sus *ciudadanos*. Todo censo destaca esta función activa del Estado dentro del aspecto cuantitativo de la realidad. Manténgase presente que esta función numérica afirma uno de los muchos modos de ser del Estado. Más aún, la existencia del Estado ciertamente no es agotada por su funcionamiento. La característica más notable de la función espacial de un Estado está dada en su territorio. A pesar del hecho de que los ciudadanos de un Estado se hallan en movimiento constante, es decir interactuando con otros ciudadanos, permanecen vinculados al Estado. De hecho, uno de los sellos distintivos de un Estado democrático es que debe proveer para la libertad de movimiento de sus súbditos. Además de en la función cinemática, el Estado también funciona dentro del aspecto físico. Al organizar el "poder del espada", el Estado es capaz de ejercer la fuerza requerida siempre que ello sea necesario –para restaurar la ley y el orden cuando ciertos intereses legales han sido invadidos (piénsese en las acciones de la policía o de la fuerza de defensa). En el habla popular estamos acostumbrados a escuchar de la *aplicación de la ley*. Indudablemente, el término fuerza brota del aspecto físico de la operación de la energía y en este contexto claramente elucida la función del Estado dentro del aspecto físico.

El Estado, como una institución legal pública, unifica las *vidas* de sus ciudadanos de maneras específicas. El pago de impuestos muestra que todo ciudadano productivo dedica indirectamente alguna parte de su tiempo al Estado. Una cierta porción del tiempo de vida de estos ciudadanos en realidad pertenece al Estado. Más aún, debido a la necesidad de mantener su integridad territorial en contra de posibles amenazas foráneas, se requiere una fuerza de defensa con el riesgo de que ciudadanos sean *muertos* en acción militar. Claramente, la vida y la muerte de los ciudadanos asumen sus propios papeles dentro del Estado como institución –e innegablemente testifica el hecho de que el Estado funciona dentro del aspecto biótico de la realidad también. El Estado exhibe una función biótica en que sus ciudadanos están vivos, reflejada en la necesidad de tratar con la salud pública y con regulaciones concernientes al ambiente natural. La nación de un Estado (que transciende diversas comunidades étnicas sin eliminar su derecho a una existencia continuada) siempre opera sobre la base de una consciencia nacional y de un sentido emocional de *pertenencia*. Aunque no todos los ciudadanos puedan participar de este sentimiento, un Estado propio debiera tener éxito en lograr que sus ciudadanos *se sientan en su hogar* (la noción de un *Heimat*). Estos fenómenos claramente no pueden divorciarse de la función psíquica sensitiva del Estado. Más aún, una vez que nos damos cuenta de que los ciudadanos deben sentirse en casa dentro del Estado, pueden también *identificarse* positivamente con el mismo (compare los documentos de identidad de los ciudadanos). Esta función ilustra el contenido político de lo que los sociólogos llaman el "nosotros" y el "ellos" —aquellos que pertenecen a este Estado y los que no pertenecen a él. Como el núcleo significativo del aspecto lógico analítico es capturado en la reciprocidad de *identificar* y *distinguir*, está claro que quienquiera que identifique algo está involucrado en distinguirlo de otra cosa. La identidad nacional de los ciudadanos del Estado testifica el hecho de que esta identidad no puede ser entendida sólo reconociendo la función del Estado dentro del aspecto lógico analítico (de identificar y distinguir). Los ciudadanos son capaces de una interacción racional tal que su funcionamiento dentro del aspecto lógico analítico de la realidad proporciona una base para la *opinión pública* dentro de cualquier estado particular.

El aspecto histórico cultural de la realidad tiene que ver con las formaciones de *poder* pues expresa el rasgo básico de la cultura, a saber, el llamamiento humano único a abrir el potencial de la creación en un proceso de desarrollo cultural. Tal proceso va de la mano con un desarrollo continuo de la sociedad humana en el que –a través de una creciente diferenciación e integración de zonas o esferas sociales específicas– distintas colectividades sociales, incluyendo el Estado, emergen en el curso del tiempo. Es sólo sobre la base de este "poder de la espada" que el Estado puede funcionar como una *institución legal pública*, pues mantener un orden legal público depende del monopolio del "poder del espada" dentro del territorio del Estado. Desde luego, la función del Estado en el aspecto histórico se ve también en la historia real de todo Estado independiente. Entonces, que el Estado tiene una función dentro del modo simbólico de la realidad es obvio por sus símbolos nacionales (himno, bandera, etcétera) y por su(s) lenguaje(s) oficial(es). De modo similar, la función del Estado dentro del aspecto social de la realidad es evidente por el modo en que unifica a sus ciudadanos dentro de una institución legal pública. Determina así un tipo específico de interacción social. Participar en una elección general, adquirir un documento de identificación, observar las reglas del tránsito, respetar los derechos de los conciudadanos –y muchas formas más de interacción social, ejemplifican la función del

Estado dentro del aspecto social de la interacción social interhumana.

A través de los impuestos se le permite al Estado cumplir con sus obligaciones legales al gobernar y administrar un país, lo cual trae a la luz un elemento de la función económica del Estado. Dada la importancia del intercambio y el comercio, la "economía política" se enfoca en los deberes financieros de un gobierno. Aunque el Estado no es una obra de arte, tiene la tarea de armonizar intereses legales en conflicto. Establecer equilibrio y armonía entre la multiplicidad de intereses legales dentro de una sociedad diferenciada siempre está guiado por la función diquética del Estado. Además de esta coherencia interna entre los aspectos diquético y estético del Estado, este último también tiene una función externa (esto es original) dentro del aspecto estético, exhibida en el formato característico de leyes estatales publicadas (promulgadas), en las cualidades estéticas de los edificios gubernamentales (casas del parlamento, cárceles), y así consecutivamente. La idea de justicia pública no es posible si el Estado no funciona activamente dentro del aspecto diquético de la realidad. El Estado también requiere respeto mutuo entre el gobierno y sus súbditos, así como integridad ética entre sus ciudadanos, pues sin esta lealtad el cuerpo político se desintegraría (desde luego, también el gobierno debe conformarse a estándares de decencia e integridad públicas para evitar vicios como el nepotismo y la corrupción). La nación un Estado debe compartir su visión, sus convicciones concernientes al establecimiento de un orden legal público justo a través del cual cada ciudadano recibe lo que le corresponde. Es solamente sobre esta base que la altamente responsable tarea de gobernar un país puede ser confiada a los funcionarios. Términos como 'confianza', 'certeza' y 'fe' son sinónimos. El aspecto de certeza fiduciario de la realidad –el aspecto de la fe–, por lo tanto, no es extraño a la existencia del Estado. Aparte de las diferencias políticas partidarias, es un importante ingrediente de una organización estatal estable la confianza mutua entre el gobierno y sus súbditos. Y todo partido político opera sobre la base de una *confesión de fe* política específica (su *credo*).

El principio estructural para el ser humano abarca cuatro subestructuras distintas, cada una de las cuales mantiene su propia soberanía de esfera, pero a la vez también funciona dentro del todo encáptico del cuerpo humano. [El término encapsis designa formas de entrelazamiento en donde las esferas internas de operación de las subestructuras son dejadas intactas. La figura de abajo es autoexplicativa en este contexto.]

Las sociedades indiferenciadas

En el tercer volumen de su *Una nueva crítica del pensamiento teórico*, Dooyeweerd desarrolla un penetrante análisis de la estructura de las sociedades indiferenciadas contrastándolas con las sociedades diferenciadas, dentro de las cuales cada forma social distinta de vida tiene su propia forma de organización. La administración del Estado difiere de la de una empresa de negocios, una universidad, una denominación

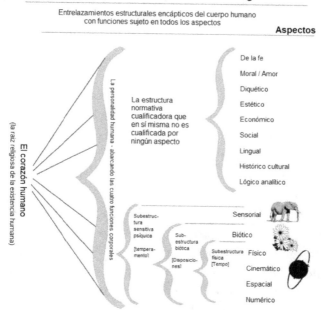

El ser humano - una personalidad religiosa

Entrelazamientos estructurales encápticos del cuerpo humano
con funciones sujeto en todos los aspectos

Aspectos

De la fe

Moral / Amor

Diquético

Estético

Económico

Social

Lingual

Histórico cultural

Lógico analítico

Sensorial

Biótico

Físico

Cinemático

Espacial

Numérico

La estructura normativa cualificadora que en sí misma no es cualificada por ningún aspecto

La personalidad humana - abarcando las cuatro funciones corporales

El corazón humano
(la raíz religiosa de la existencia humana)

Subestructura sensitiva psíquica

[temperamento]

Subestructura biótica

[Disposiciones]

Subestructura física [Tempo]

El corazón humano, alma o espíritu -entendido en su sentido radical, central y total- es la
raíz religiosa de la personalidad humana que trasciende su corporeidad
en las cuatro estructuras encápticamente entretejidas

La encapsis tiene que ver con el entrelazamiento de dos estructuras de naturalezas diferentes, tales que cada una retiene su esfera interna de operación. La configuración física constitutiva de las cosas vivas no pierde su cualificación fisicoquímica cuando funciona dentro de las entidades vivas. Tales entidades están funcionando encápticamente -esto es, reteniendo su naturaleza físicamente cualificada- dentro de las cosas vivas. De modo similar, los órganos bióticos y las subestructuras sensoriales del cuerpo humano están encápticamente entretejidas con la existencia corporal total de una persona.

eclesiástica y así consecutivamente. Estas distintas formas de organización dependen de que uno u otro aspecto único de la realidad sirva como su *función característica* o *cualificadora (función guía)*. Esto significa que las acciones de un Estado, las cuales abarcan gobierno y súbditos, están dirigidas por consideraciones diquéticas, enfocadas en la integración de una multiplicidad de intereses legales en un orden legal público. De modo similar, una empresa de negocios encuentra su principio guía en el aspecto económico, un club deportivo en el aspecto social, una denominación eclesiástica en el aspecto de la fe, y así consecutivamente.

No obstante, dentro de las sociedades indiferenciadas se halla ausenta tal función cualificadora porque dentro de ellas el papel guía es asignado a una de las *entidades sociales* entrelazadas. Como una de las entidades sociales entrelazadas desempeña el papel de líder, tal sociedad indiferenciada en su totalidad actuará en *diferentes capacidades sociales*. Como un todo actuará como una *entidad económica*, lo cual es equivalente a lo que discernimos dentro de una sociedad diferenciada como una empresa de negocios. Lo mismo se aplica al todo de la sociedad actuando como una *unidad política*, la cual dentro de sociedades diferenciadas asumirá la forma de un Estado. Debido a que las sociedades indiferenciadas participan en una forma organizativa indiferenciada, la posibilidad de cualquiera de las arriba mencionadas funciones cualificadoras diferenciadas está ausente. La variedad de las formas sociales de vida que eventualmente emergerán en el curso de un proceso gradual de diferenciación y apertura histórica cultural, están vinculadas de una manera indiferenciada dentro de tal sociedad indiferenciada. Desde este ángulo podemos decir que una sociedad indiferenciada no exhibe meramente un aspecto económico porque como tal actúa como algo que es reconocido en un nivel cultural diferenciado como un negocio económicamente cualificado (sea del tipo de un cazador, agricultor o granjero). Una sociedad indiferenciada tampoco exhibe meramente un aspecto diquético, pues actúa como un todo como algo similar a lo que mucho después es identificado como un *Estado* dentro de una sociedad diferenciada. Lo mismo se aplica el aspecto de la fe –la sociedad indiferenciada actúa como un todo en una capacidad de culto religioso, similar a una comunidad de fe colectiva diferenciada. Dentro de la forma de organización total indiferenciada se encuentran, por lo tanto, una variedad de ramas estructurales típicas tales que cada una de ellas, alternativamente, puede llevar a la acción a la entera sociedad indiferenciada. Dentro de las sociedades diferenciadas distintas formas de vida sociales independientes desempeñan estas actividades.

Añadido a la *Grossfamilie* (familia extendida), el *sib* también representa una sociedad indiferenciada. El *sib* (como lo designan los estadounidenses) o el *clan* (como prefieren designarlo los antropólogos británicos) es más comprensiva, mientras que la *tribu* exhibe una organización (política) más fuerte. Este estado de cosas implica que el correlato de una fundación indiferenciada (una forma de organización comprensiva) está dada en lo que podría ser llamada una cualificación indiferenciada, porque en vez de un aspecto cualificado de la realidad, una de las estructuras sociales "todavía no diferenciadas", entrelazada con el todo comprensivo, asume el papel de líder o guía. En el caso de la familia extendida, la cual vincula padres, hijos y nietos en una unidad patriarcal, el patriarca y el hijo más viejo son posicionados de tal modo que refleja un tipo específico de organización histórica que no puede ser explicado exclusivamente sobre la base de la relación sanguínea existente entre ellos.

La familia extendida no solamente exhibe una estructura familiar, pues en su estructura total indiferenciada también están entrelazadas otras formas sociales de vida. En particular, la estructura política entrelazada se observa en la fuerza (política) con la cual el orden y la paz internas son mantenidos. De modo similar, la empresa económica es reconocida por el modo en el que opera la economía de subsistencia. Sin embargo, la cuestión decisiva es: ¿podemos establecer cuál de las formas de vida sociales entrelazadas presentes en tal sociedad realmente desempeña el papel guía en su estructura total indiferenciada? Resulta que dentro de la *Grossfamilie* la estructura familiar extendida entretejida es verdaderamente de una naturaleza guía central, aun cuando como tal no posee inherentemente una duradera estructura de supra- y sub-ordinación.

El *sib* (clan o *gentes*), el cual aparentemente sólo aparece cuando la agricultura y la cría de ganado reemplazan parcial o completamente la caza como la base de la vida económica, está constituido por un grupo más grande de relaciones organizadas (donde solamente la línea de descendencia del padre o de la madre es tomada en cuenta). Aunque la membresía en la familia extendida depende normalmente de la relación consanguínea (el nacimiento natural), el *sib* es tan grande que ya no es posible suponer una descendencia directa a partir de un padre comunal — aunque tal descendencia puede funcionar como una presuposición ficticia o una concepción mitológica. Al lado de actividades como el culto a los ancestros (típico de una institución culto tica eventualmente diferenciada), la venganza (que a un nivel más elevado desarrollo es llevada a cabo por un Estado independiente), y la presencia de formas de división del trabajo, también la estructura familiar se halla presente en el *sib*. En realidad, esta estructura familiar entretejida adopta el papel guía indiferenciado dentro del *sib* — un papel guía que, como se notó antes, descansa en una particular forma histórica de organización del poder (precisamente como en el caso de la familia extendida). Esta característica anticipa la más fuerte organización política de la tribu.

Aunque la ley tribal aseguraba la presencia de tipos particulares de un orden legal, todavía no había una integración uniforme de reglas legales, aparte del hecho de que cada tribu tenía su propia ley.

Como ley popular romana, el *ius civile*, justo desde su comienzo, es reminiscente del trasfondo tribal indiferenciado de la vida romana. Sin embargo, durante la expansión del imperio romano pronto estuvieron presentes no romanos en el territorio romano. Esta situación exigía cada vez más algún tipo de arreglo jurídico para hacer una provisión legal para estos no romanos dentro del Imperio Romano. Esto se hizo en lo que emergió como el *ius gentium*. Aunque este nuevo desarrollo legal es visto a veces como punto de partida de lo que posteriormente vino a ser conocido como el *Derecho de Gentes*, debiera en realidad ser visto más bien como el punto de partida de la ley civil privada y por lo tanto no como la fuente legal del Derecho de Gentes. El desarrollo legal subsecuente trascendió la posición intermedia artificial de los *Latini* como una clase entre los extranjeros y los ciudadanos romanos.

Durante la era feudal los gremios y los señoríos continuaron la relativamente indiferenciada subestructura de la sociedad medieval, con la Iglesia como el omnicomprensivo instituto sobrenatural de la gracia, destinado a conducir a la humanidad a la bienaventuranza eterna.

El Estado dentro de una sociedad diferenciada

Debido a que el sistema de gremios obstruyó la realización de una genuina organización estatal, fue imperativo para la diferenciación de la sociedad romper la artificial posesión del poder de la Iglesia Católica Romana. Esto ocurrió crecientemente durante el período subsecuente al Renacimiento, el cual el cual fue testigo de la formación de un proceso de diferenciación social. Este proceso fue decisivo para la emergencia del Estado moderno porque generó los distintos intereses legales que eventualmente tenían que unificarse dentro del orden legal público del Estado. El primer paso importante en este proceso de diferenciación fue por lo tanto dado con la disolución de la cultura eclesiásticamente unificada de la Iglesia Católica Romana. Este proceso inició la diferenciación de la Iglesia y de lo que eventualmente vino a ser conocido como el Estado. También posteriormente, en un proceso similar de diferenciación, la familia nuclear y la empresa de negocios dieron forma a su propia esfera distinta de operación durante la Revolución Industrial.

Al menos uno puede parcialmente ver la desintegración de la cultura eclesiásticamente unificada del período medieval tardío como el resultado de la insostenible síntesis entre las antiguas concepciones griegas y las de la cristiandad bíblica.

Una persona humana puede asumir una variedad de papeles sociales sin ser jamás plenamente absorbido por ninguno de ellos.

Desde la perspectiva del Estado moderno, la implicación de esta compenetració no puede mirar a los ciudadanos de un Estado desde la perspectiva de cualquier entidad social distinta del Estado. Por ejemplo, un grupo particular de ciudadanos puede ser identificado como de protestantes, católicos o ateos. Cambiar el punto de vista puede destacar precisamente a los hombres o a las mujeres casados dentro del territorio de un Estado. Una vez más, un subconjunto de los ciudadanos de un Estado puede pertenecer a una u otra comunidad cultural (étnica). En ninguno de estos casos el ángulo de enfoque proseguido en tal ejercicio se fusiona con la *totalidad* de los ciudadanos del Estado, porque el carácter público legal del Estado se distingue al cortar a través de todos las vínculos no públicos que puedan tener los ciudadanos. Por esta razón las colectividades sociales que son distintas del Estado tienen que integrar sus propios arreglos de orden internos y éstos siempre están restringidos a una esfera específica del Derecho privado. Por lo tanto, estas entidades sociales sólo pueden formar una ley específica, un *ius specificum* que   encuentra su contrapartes en el *ius publicum* del Estado.

La implicación de estas distinciones es que el único modo de hablar de los ciudadanos de un Estado es precisamente *dejando de considerar* todos los vínculos sociales que puedan tener los ciudadanos en las diversas entidades sociales no políticas. Preguntar si una persona es o no ciudadano de un Estado es por lo tanto no tomar en cuenta la posición denominacional de tal persona, si esa persona es casada uno, estudia o enseña en una universidad particular, es miembro de un club deportivo, o tiene acciones en una u otra empresa de negocios.

No obstante, hay una trampa importante cuando se habla de *dejar de considerar* los varios vínculos no estatales de los ciudadanos, porque cada una de estas conexiones forma parte de una entidad social con sus propios intereses legales particulares. Por lo tanto, mientras que dejan de considerarse estos vínculos sociales, el gobierno de un Estado constitucional moderno bajo el Imperio de la Ley tiene que integrar estos intereses legales dentro de su unificado orden legal público, al mismo tiempo que reconoce que las esferas internas de operación de estas entidades no políticas no son *generadas* o *traídas al ser* por el Estado. El Estado sólo puede reconocer estos intereses legales con sus acompañantes esferas de competencia limitadas (no estatales). Si estas esferas de competencia fueran derivadas del Estado —y no meramente reconocidas por él— entonces el Estado habría sido de hecho la totalidad omnicomprensivo de la sociedad humana— la cual entonces hubiera sido totalitaria y absolutista en el pleno sentido de la palabra.

En varias publicaciones Dooyeweerd analizó la influencia del nominalismo moderno sobre el desarrollo de la sociedad occidental. En no menos de 18 diferentes lugares de su obra, *The Struggle for a Christian Politics* (2012), Dooyeweerd destaca la influencia de las ideas de Marsilio de Padua y Juan de Jandún. Particularmente la idea de soberanía popular emergió prominentemente en su obra de 1324, *En defensa de la paz* (*Defensor Pacis* -1522). Dooyeweerd también dedicó todo un tratado al "Debate acerca del concepto de soberanía" (1950).

Subsecuentemente, fue Juan Bonino quien introdujo el concepto de soberanía al servicio del entendimiento de la *autoridad* (poder) de un gobierno. En su obra *Seis libros sobre el Estado* (*Sechs Bücher über den Staat* -1576), todavía designaba al Estado como una *república*, mientras que usaba la palabra *etat* para formas específicas del Estado. Desafortunadamente, no tuvo éxito en liberar su pensamiento de la tradicional perspectiva universalista que proclama que el Estado es la totalidad omnicomprensivo de la sociedad. Donde el describe cómo es que las familias, las corporaciones y los colegios se relacionan con el Estado, lo hace en términos de la relación entre el *todo* (el Estado) y sus partes. Esta concepción comprensiva entorpeció su entendimiento del proceso de diferenciación porque él vio en la competencia legal de las entidades sociales legisladoras, distintas del Estado, una amenaza a la soberanía del Estado. Desde luego, exactamente lo opuesto es el caso, pues sin la cristalización de las distintas esferas sociales, cada una con sus peculiares intereses legales (no políticos), el Estado no hubiera sido capaz de integrar una diversidad de intereses legales en un solo orden legal público. Mientras que su idea de soberanía, como una nota característica del gobierno del Estado, forma parte del importante proceso de diferenciación que cobraba forma después de la Edad Media, Dooyeweerd señala que su infundado temor, de que esferas novedosas emergentes de competencia legal amenazaran la competencia soberana legisladora del Estado, se convirtió en un obstáculo en el camino hacia la apreciación positiva de la diferenciación social. Junto a la diferenciación de la Iglesia y el Estado, la Revolución Industrial logró la diferenciación de la familia nuclear y de la moderna empresa de negocios. Por lo tanto, no es sorprendente que el siglo XIX diera lugar a los prominentes estados democráticos, tales como Alemania, los Países Bajos, Francia y Gran Bretaña, así como Australia, Nueva Zelandia, los Estados Unidos de América y Canadá.

A menos que se dé una explicación de la limitada esfera de competencia del Estado, no será posible escapar de una concepción totalitaria. El primer elemento de esta limitación tiene que ver con las esferas internas de operación de las entidades sociales no políticas y el segundo con el reconocimiento de la necesidad de un dominio legal exclusivo del Estado, a saber, su territorio.

Cuando uno abstrae de todas las comunidades y colectividades sociales dentro de las cuales un individuo puede participar como parte de un todo más grande, viene a la luz una esfera personal de libertad. Como se notó anteriormente, el Imperio Romano en expansión dio lugar al *ius gentium* que forma el punto de partida de nuestro moderno *Derecho civil privado*. Éste permite la expresión de la libertad personal de pensamiento, la libertad de asociación, la libertad de emprendimientos económicos, de habla, de fe y así consecutivamente. Como esfera coordinadora de la ley [neerlandés: *maatschapsrecht*] el Derecho civil privado carece de cualquier relación de supra- y subordinación. Tiene que ver con los individuos (y entidades sociales) en igualdad de condiciones, una al lado de la otra o en oposición entre sí. En un artículo "Sobre la relación entre individuo y comunidad en las concepciones romana y germánica de la propiedad" (1962) Dooyeweerd caracterizó el Derecho civil privado como sigue: "el derecho civil, de acuerdo con su entera estructura como un sistema legal diferenciado, es el asilo de la persona individual, la fortaleza para la protección de la persona individual dentro de la vida legal".

Tanto el Estado como el Derecho civil privado está cualificados por el aspecto diquético de la realidad. Pero el Derecho civil privada no puede existir aparte del Estado y de las esferas no políticas de la vida. Estas esferas no políticas de la vida caen dentro del dominio del Derecho no civil privado. Conversamente, las esferas comunales y colectivas del Derecho no pueden existir aparte del Derecho civil privado. Las funciones cualificadoras de las esferas de vida no políticas son diferentes de la función cualificadora diquética del Estado y del Derecho civil privado. Más aún, la constitución de los Estados modernos forma la fuente originaria de diversas esferas legales de competencia dentro de una sociedad diferenciada (el último volumen de la *Enciclopedia de la ciencia del Derecho* de Dooyeweerd está dedicado a la teoría de las fuentes del derecho). Como fuente *formal* del derecho, la constitución de un Estado democrático moderno contiene estipulaciones concernientes a las esferas *materialmente diferentes* del Derecho. Considérese el dominio del Derecho civil privado (la ley común y los derechos humanos), la ley constitucional (incluyendo el procedimiento de acuerdo con el cual, a través de elecciones generales, un gobierno toma posesión de la administración pública), y así consecutivamente. El Estado es la única institución que integra una multiplicidad de intereses legales en *un orden legal público* dentro de su territorio.

Estamos ahora en posición de explicar qué implica la idea del Estado de Derecho (*Rechtstaat*) de acuerdo con Dooyeweerd.

Un Estado de Derecho presupone múltiples esferas de Derecho dentro de una sociedad diferenciada, incluyendo el dominio del Derecho público, el Derecho civil privado y el Derecho no civil privado. El dominio del Derecho público abarca el Derecho constitucional, el Derecho de las naciones, el Derecho administrativo, el Derecho penal, y el Derecho de los procedimientos criminales. Garantiza y protege las libertades políticas de los ciudadanos, tales como la libertad de expresar concepciones políticas, de organizar partidos políticos, de criticar al gobierno; el derecho a protestar, y el derecho participar en la culminación de la libertad política: el derecho a votar (y a ser elegido). El dominio de la libertad personal (la ley común o el Derecho civil privado) tiene que ver con la participación de individuos y entidades sociales en igualdad de condiciones en la interacción legal de una sociedad diferenciada. El dominio de las libertades sociales (el Derecho no civil privado) se relaciona con la existencia de esferas no políticas de Derecho que son constitutivas para la existencia de un Estado de Derecho (*Rechtstaat*), pues sin ellas estaría ausente una parte sustancial de los intereses legales a ser protegidos por un gobierno. Sobre la base del monopolio del poder del espada, un *Rechtstaat* tiene que armonizar y balancear la multiplicidad de intereses legales en su territorio y restaurar cualquier infracción de los derechos de un modo retributivo.

Cuando una sociedad diferenciada es caracterizada por la presencia de libertades políticas, libertades personales (libertades pertenecientes al dominio del Derecho civil privado) y libertades sociales (las esferas internas de libertad de las formas de vida social distintas del Estado), se satisfacen las condiciones para un Estado de Derecho. En otras palabras, un Estado de Derecho (*Rechtstaat*) está constituido por las esferas del Derecho público, del Derecho civil privado y del Derecho no civil privado con sus libertades acompañantes.

Derecho público, Derecho civil privado y Derecho no civil privado

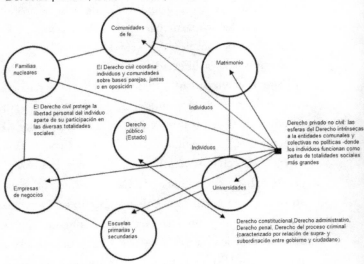

El legado de la filosofía reformacional

LA FILOSOFÍA REFORMACIONAL tiene adherentes alrededor del mundo. Desde 1982 la Fundación para la Filosofía Reformacional ha sostenido conferencias internacionales más o menos cada cinco años, a las que han asistido entre 200 y 250 participantes de más de 20 países de todo el mundo. Varios estudiosos han empleado constructivamente el método empírico trascendental de Dooyewerd en varias disciplinas académicas. Normalmente esto requiere una explicación de los conceptos elementales básicos, los conceptos básicos compuestos y los conceptos típicos. En el campo de la física podemos mencionar a Stafleu (1968, 1972, 1980, 1987, 1989, 1999 2002, 2004; Strauss 2009a); sobre los fundamentos de las matemáticas se podrían mencionar varias publicaciones de Strauss (1991, 2002a, 2003, 2003a, el Capítulo 2 de 2005, 2005a; 2006 2011, 2013, 2014). Desde los 1930 del siglo pasado, el biólogo holandés Harry Diemer exploró la importancia de las distinciones filosóficas de Dooyeweerd para la disciplina de la biología (1963) y después de su inesperado fallecimiento en 1945 fue continuado su trabajo por

Duyvené de Wit (1965 -véase también Strauss 2005a, 2009 y 2010). Dooyeweerd mismo contribuyó substancialmente al campo de la Sociología (Volumen III 1997 -véase también 1986). Strauss publicó un libro (2006a) y múltiples artículos (2002, 2004, 2006c, 2007) dentro de este campo. Weideman publicó dentro del campo de la lingüística (aplicada) (2009, 2011 -véase también Strauss 2008, 2013). Goudzwaard exploró la esfera económica (1961, 1974, 1975, 1979). Aparte de lo que Dooyeweerd desarrolló en su *Enciclopedia de la Ciencia del Derecho*, su sucesor Henk Hommes expandió su innovadora contribución de manera significativa (1961, 1972, 1976, 1981, 1986). Chaplin (2011) y Koyzis (1993, 2003) contribuyeron al dominio de la teoría política. En el campo de la Teología deben ser mencionados Troost (2004, 2005, 2012) y Ouweneel (2014b-durante la década pasada el segundo publicó una extensa Dogmática en 13 volúmenes). Desde luego, esta breve visión panorámica no es exhaustiva, sino tan solo una primera indicación del amplio rango de disciplinas dentro de las cuales se ha realizado trabajo académico sobre la base de la *Filosofía de la Idea Cosmonómica* de Dooyeweerd.

En media docena de universidades estatales dentro de los Países Bajos la Fundación ha establecido Cátedras Especiales en Filosofía Reformacional, concediendo a los estudiantes la oportunidad de estudiar filosofía reformacional mediante el patrocinio de profesores nombrados para enseñarla. Entre los adherentes de esta filosofía, moviéndose ahora ya a su tercera generación, se encuentran estudiosos de las principales ciencias naturales y de las humanidades. Las *Collected Works* de Dooyeweerd se hallan en proceso de ser publicadas. Abarcarán 25 volúmenes.

Se han traducido obras de Dooyeweerd al japonés, al coreano, al chino y al español. Recientemente Martin Jandl (2010) publicó un libro en alemán: *Praxeologische Funktionalontologie, Eine Theorie des Wissens als Synthese von H. Dooyeweerd und R. B. Brandom*. [Jandl tradujo el libro *Myth* de Roy Clouser (2005) al alemán: *Mythos der religiösen Neutralität* (2015).]

Lista de fuentes selectas

Bernays, P. 1976. *Abhandlungen zur Philosophie der Mathematik*. Darmstadt: Wissenschaftliche Buchgesellschaft.

Bodin, J. 1981. *Sechs Bücher über den Staat*, Buch I-III. Übersetzt und mit Anmerkungen versehen von Bernd Wimmer, Eingeleitet und herausgegeben von P.C. Meyer-Tasch. München: Verlag C.H. Beck.

Botha, M.E. 2006. Metaphor, embodiment and fiduciary beliefs in science. (In: Lategan, L.O.K. & Smith, J.H. *Time and context relevant philosophy*. Festschrift dedicated to D.F.M. Strauss. Bloemfontein: Association for Christian Higher Education. p. 17-36.)

Botha, M.E. 2007. *Metaphor and its moorings, studies in the grounding of metaphorical meaning*. Bern: Peter Lang.

Cameron, A.M. 2000. Implications of Dooyeweerd's Encyclopedia of Legal Science. In: Dooyeweerd 200:191-238.

Chaplin, J. 2011. Herman Dooyeweerd, Christian Philosopher of State and Civil Society. Notre Dame: University of Notre Dame Press.

Clouser, R. 2015. *Mythos der religiösen Neutralität*. Übersetzer, Martin Jandl. Leiden: E.J. Brill.

Clouser, R.A. 2005. *The Myth of Religious Neutrality: An Essay on the Hidden Role of Religious Belief in Theories.* Notre Dame: University of Notre Dame Press (new revised edition, first edition 1991).

De Wit Duyvené, J.J. 1965. The impact of Herman Dooyeweerd's Christian Philosophy upon Present day Biological thought, In: *Christianity and Philosophy*, Philosophical Essays dedicated to Dr. Herman Dooyeweerd. Kampen: Kok (pp.405-433).

Diemer, J.H. 1963. *Natuur en Wonder.* Christelijke Perspectief Vol. VI, (Red. J. Stellingwerf), Amsterdam: Buijten & Schippereijn.

Dooyeweerd, H. 1926. *De Beteekenis der Wetsidee voor Rechtswetenschap en Rechtsphilosophie* (The Significance of the Cosmonomic Idea for the Science of Law and Legal Philosophy), Inaugural Lecture Free University. Amsterdam October 15.

Dooyeweerd, H. 1928. Het juridisch causaliteitsprobleem in 't licht der Wetsidee. In. *Antirevolutionaire Staatkunde.* 1928(1):21-121.

Dooyeweerd, H. 1930. De Structuur der Rechtsbeginselen en de Methode der Rechtswetenschap in het Licht der Wetsidee (The Structure of legal principles and the method of the science of law in the light of the Cosmonomic Idea). In: *Wetenschappelijke Bijdragen, Aangeboden door Hoogleraren der Vrije Universiteit ter Gelegenheid van haar Vijftigjarig Bestaan.* Amsterdam: De Standaard (pp.225-266).

Dooyeweerd, H. 1931. *Crisis in de Humanistsche Staatsleer.* Amsterdam: N.V. Boekhandel W. Ten Have.

Dooyeweerd, H. 1932. Norm en Feit, In: *Themis*, 93(E), pp.155-214.

Dooyeweerd, H. 1935-1936. *De Wijsbegeerte der Wetsidee.* 3 Vols. Amsterdam: Paris.

Dooyeweerd, H. 1936. The Problem of Time and its Antinomies on the Immanence Standpoint I, *Philosophia Reformata*, Year 1, 2nd Quarter, pp.65-83.

Dooyeweerd, H. 1939. The Problem of Time and its Antinomies on the Immanence Standpoint II, *Philosophia Reformata*, Year 4, 1st Quarter, pp.1-28.

Dooyeweerd, H. 1940. The Problem of Time in the Philosophy of the Cosmonomic Idea I, *Philosophia Reformata*, Year 5, 3rd Quarter, pp.160-192.

Dooyeweerd, H. 1940a. The Problem of Time in the Philosophy of the Cosmonomic Idea I, *Philosophia Reformata*, Year 5, 4th Quarter, pp.193-234.

Dooyeweerd, H. 1941. De transcendentale critiek van het wijsgeerig denken en de grondslagen van de wijsgeerige denkgemeenschap van het avondland. In: *Philosophia Reformata.* 6:1-20.

Dooyeweerd, H. 1948. *Transcendental Problems of Philosophic Thought.* Grand Rapids: WM. B. Eerdmans Publishing Company.

Dooyeweerd, H. 1949. *Reformatie en Scholastiek in de Wijsbegeerte*, Volume I, Het Grieksche Voorspel. Franeker: T. Wever.

Dooyeweerd, H. 1950. *De Strijd om het Souvereiniteitsbegrip in de moderne Rechts- en Staaatsleer.* Amsterdam: Paris.

Dooyeweerd, H. 1958. *Encyclopaedie der Rechtswetenschap.* Part I, Amsterdam: Bureau Studenteraad.[The date 1958 indicates the year in which Judge G.F. de Vos Hugo received his copy. It is identical to the copy that I have purchased in 1970 at the Free University of Amsterdam (available since 1967). It is also identical to an early sixties Volume sent to my father by Dooyeweerd (my father studied with Dooyeweerd in the thirties).]

Dooyeweerd, H. 1959. Schepping en Evolutie. In: *Philosophica Reformata*, 24:113-159.

Dooyeweerd, H. 1960. Van Peursen's Critische Vragen bij "A New Critique of Theoretical Thought." *Philosophia Reformata*, 25(3&4):97-150.

Dooyeweerd, H. 1962. Individu, Gemeenschap en Eigendom: In: *Verkenningen in de Wijsbegeerte, de Sociologie en de Rechtsgeschiedenis.* Amsterdam: Buijten & Schipperheijn (pp. 149-215).

Dooyeweerd, H. 1967 (to be published): *The Encyclopedia of the Science of Law*, Collected Works of Herman Dooyeweerd, A Series Vol. 9, General Editor D.F.M. Strauss; Special Editor Alan Cameron [The Dutch texts comprise (a) The Introduction, (b) The Historical Volume, (c) The Systematic Volume, (d) The Distinction between Public Law and Private Law and (e) The Theory of the Sources of Positive Law. References to the Dutch text will be to 1967-I (historical part) and 1967-II (systematic part).] Grand Rapids: Paideia Press.

Dooyeweerd, H. 1986. A Christian Theory of Social Institutions. Tr. Magnus Verbrugge, Introduction by John Witte, Jr., La Jolla: The Herman Dooyeweerd Foundation.

Dooyeweerd, H. 1996. *Christian Philosophy and the Meaning of History*, Collected Works, B Series, Volume 1, General Editor D.F.M. Strauss. Lewiston: Edwin Mellen.

Dooyeweerd, H. 1997. *A New Critique of Theoretical Thought*, Collected Works of Herman Dooyeweerd, A Series Vols. I-IV, General Editor D.F.M. Strauss. Lewiston: Edwin Mellen. Hay traducción al español: Una nueva crítica del pensamiento teórico, Volumen I, 2020, Jordan Station: Paideia Press.

Dooyeweerd, H. 1997a. Essays in Legal, Social and Political Philosophy. Collected Works of Herman Dooyeweerd, B Series Volume 2, General Editor D.F.M. Strauss, Lewiston: Edwin Mellen.

Dooyeweerd, H. 1999. In the Twilight of Western Thought. Collected Works of Herman Dooyeweerd, B Series, Volume 4, General Editor D.F.M. Strauss, Special Editor J.K.A. Smith. Lewiston: Edwin Mellen. Hay traducción al español: En el ocaso del pensamiento occidental, en prensa, Jorfdan Station: Paideia Press.

Dooyeweerd, H. 2000. Contemporary Reflections on the Philosophy of Herman Dooyeweerd, Collected Works of Dooyeweerd, Series C – Dooyeweerd's Living Legacy, Edited by D.F.M. Strauss and Michelle Botting. Lewiston: Edwin Mellen.

Dooyeweerd, H. 2004. *Political Philosophy*. D Series, Volume 1, General Editor D.F.M. Strauss. Lewiston: Edwin Mellen.

Dooyeweerd, H. 2008. *The Struggle for a Christian Politics*, B Series, Volume 5, General Editor D.F.M. Strauss, Lewiston: Edwin Mellen.

Dooyeweerd, H. 2012. *Encyclopedia of the Science of Law*, Series A, Volume 8/1, General Editor D.F.M. Strauss, Special Editor A.C. Cameron, Paideia Press: Grand Rapids.

Dooyeweerd, H. 2012. *Reformation and Scholasticism in Philosophy*, Vol.I, Collected Works of Herman Dooyeweerd, Series A, Volume 5, General Editor D.F.M. Strauss. Grand Rapids: Paideia Press.

Dooyeweerd, H. 2012a. *Roots of Western Culture, Pagan, Secular and Christian Options*, Series B, Volume 15, General Editor D.F.M. Strauss. Grand Rapids: Paideia Press. Hay traducción al español: Raíces de la cultura occidental, 2020, Barcelona: Editorial Clié.

Fichter, J.H. (comp. Erich Bodzenta) 1968. *Grundbegriffe der Soziologie*. Berlin: Springer Verlag.

Fourie, F.C.v.N. 1993. In the Beginning there Were Markets? (pp.41-65). In: *Transactions, Costs, Markets and Hierarchies*. Edited by Christos Pitelis. Oxford: Basil Blackwell.

Gadamer, H-G. 1989. *Truth and Method*, Second Revised Edition (first translated edition 1975). New York: The Continuum Publishing Company.

Goudzwaard, B. 1961. De economische theorie en de normatieve aspecten der werkelijkheid [Economic Theory and the Normative Aspects of Reality], *Perspectief*. Kampen: Kok, 1961:310-323.

Goudzwaard, B. 1974. *Schaduwen van het groei-geloof.* Kampen: Kok.

Goudzwaard, B. 1975. *Aid for the overdeveloped West.* Toronto: Wedge publishing foundation.

Goudzwaard, B. 1979. *Capitalism and progress: a diagnosis of Western society*; translated and edited by Josina Van Nuis Zylstra. Grand Rapids,Mich: Eerdmans.

Grünbaum, A. 1974. *Philosophical Problems of Space and Time.* Dordrecht (Holland): D. Reidel (second, enlarged edition).

Heisenberg, W. 1958. *Physics and Philosophy. The Revolution in Modern Science.* New York: Harper Torchbooks.

Hilbert D 1913. Über den Zahlbegriff. "Jahresbericht der Deutschen Mathematiker-Vereinigung," Reprinted in Hilbert D (1913), *Grundlagen der Geometrie.* Fourth revised and expanded edition (first edition 1899). Leipzig: Teubner BG, pp 237–242.

Hilbert, D. 1925. Über das Unendliche, *Mathematische Annalen*, Vol.95, 1925: 161-190.

Hilbert, D. 1970. *Gesammelte Abhandlungen*, Vol.3, Second Edition, Berlin: Verlag Springer.

Hommes, H. Van Eikema 1982. *Inleiding tot de wijsbegeerte van Herman Dooyeweerd.* The Hague: Martinus Nijhoff.

Hommes, H.J. 1961. *Een Nieuwe Herleving van het Natuurrecht*, Zwolle: W.E.J. Tjeenk Willink.

Hommes, H.J. 1972. *De Elementaire Grondbegerippen der Rechtswetenschap.* Deventer: Kluwer.

Hommes, H.J. 1976. *De Samengestelde Grondbgerippen der Rechtswetenschap*, Deventer: Kluwer.

Hommes, H.J. 1981. *Hoofdlijnen van de Geschiedenis der Rechtsfilosofie*, Deventer: Kluwer.

Hommes, H.J. 1986. *De Wijsgerige Grondslagen van de Rechtssociologie*. Deventer: Kluwer.

Janich, P. 1975. Tragheitsgesetz und Inertialsysteem. In: Frege und die moderne Grundlagenforschung, red. Chr. Thiel, Meisenheim am Glan: Hain.

Jandl, M. 2010. *Praxeologische Funkionalontologie, Eine Theorie des Wissens als Synthese von H. Dooyeweerd und R.B. Brandom.* Frankfurt am Main: Pete Lang.

Kalsbeek, L. 1970. *De Wijsbegeerte der Wetsidee, Proeve van een Christelijke filosofie.* Amsterdam: Buijten & Schipperheijn.

Kant, I. 1781. *Kritik der reinen Vernunft,* 1st Edition (references to CPR A). Hamburg: Felix Meiner edition (1956).

Kant, I. 1783. *Prolegomena zu einer jeden künftigen Metaphysik die als Wissenschaft wird auftreten können.* Hamburg: Felix Meiner edition (1969).

Kant, I. 1787. *Kritik der reinen Vernunft,* 2nd Edition (references to CPR B). Hamburg: Felix Meiner edition (1956).

Koyzis, D.T. 1993. Imaging God and His Kingdom: Eastern Orthodoxy's Iconic Political Ethic, *The Review of Politics,* 55(2):267-290. University of Notre Dame 1993 DOI: http://dx.doi.org/10.1017/S0034670500017381 (About DOI), Published online: 05 August 2009.

Koyzis, D.T. 2003. *Political Visions&Illusions. A Survey&Christian Critique of Contemporary Ideologies*. Downers Grove, Illinois: Intervarsity Press.

Koyzis, D.T. 2004. Introductory Essay, in Daniël F. M. Strauss, comp., Political Philosophy by Herman Dooyeweerd (Ancaster, Ontario and Lewiston, New York: The Dooyeweerd Centre and the Edwin Mellen Press, 2004), pp. 1-16, The Collected Works of Herman Dooyeweerd, series D, volume 1.

Leibniz, G.W.H. 1965. Correspondence with Clarke, Third Paper, published in the translation of M. Morris: *Leibniz, Philosophical Writings*, London: Everyman's Library.

Locke, J. 1966. *Two Treatises of Civil Government*. London: Everyman's Library (1690).

Lorenzen, P. 1976. Zur Definition der vier fundamentalen Meßgrößen. In: *Philosophia Naturalis*, Volume 16:1-9.

Lorenzen, P. 1976. Zur Definition der vier fundamentalen Meßgrößen. In: *Philosophia Naturalis*, Volume 16 (pp.1-9).

Lorenzen, P. 1989. Geometry as the Measure-Theoretic A Priori of Physics, in: Butts and Brown (Comps.), 1989:127-144.

MacIver, R.M. 1942. *Social Causation*, New York: Harper & Row (1964).

Maddy, P. 2005. Three forms of naturalism. In: Shapiro, 2005:437-459.

McIntire, C.T. (comp.) 1985. *The Legacy of Herman Dooyeweerd*. Lanham: University Press of America.

Ouweneel, W.J. 2014. *Wisdom for Thinkers, An Introduction to Christian Philosophy*. Grand Rapids: Paideia Press.

Ouweneel, W.J. 2014a. *Power in Service. An Introduction to Christian Political thought*. Grand Rapids: Paideia Press.

Ouweneel, W.J. 2014b. *What then is Theology? An Introduction to Christian Theology*. Grand Rapids: Paideia Press.

Ouweneel, W. J. 2014c. *Searching The Soul: An Introduction To Christian Psychology*. Grand Rapids: Paideia Press.

Popper, K. 1966. *The Open Society and its Enemies*, Vols. I & II, London: Routledge & Kegan Paul.

Russell, B. 1956. *The Principles of Mathematics*. London: George Allen & Unwin. (First published in 1903, Second edition 1937, Seventh edition 1956).

Seerveld, C.G. (Comps. John Kraay and Anthony Tol) 1979. Modal Aesthetics: Preliminary Questions with and Opening Hypothesis. In: *Hearing and Doing, Philosophical Essays Dedicated to H. Evan Runner*, Toronto: Wedge Publishing Foundation (pp.263-294).

Seerveld, C.G. .1987. Imaginativity. In: *Faith and Philosophy*, Vol.4, Nr.1, January.

Seerveld, C.G. .2001. Christian aesthetic bread for the world. In: *Philosophia Reformata*. 66(2):155-177.

Seerveld, C.G. 1958. Benedetto Croce's Earlier Aesthetic Theories and Literary Criticism. Kampen: J.H. Kok N.V.

Seerveld, C.G. 1968. A Christian Critique of Art and Literature. Toronto: The Association for Reformed Scientific Studies.

Seerveld, C.G. 1970. A Christian Tin-Can Theory of Man. In: *Journal of the American Scientific Affiliation*, Minnesota, August.

Seerveld, C.G. 1980. *Rainbows for the Fallen World: Aesthetic Life and Aesthetic Task*, Toronto.

Seerveld, C.G. 1985: Dooyeweerd's Legacy for Aesthetics: Modal Law Theory. In: McIntire, C.T. (comp.) 1985 (pp.41-79).

Shapiro, S. 2005 (Editor). *The Oxford Handbook of Philosophy of Mathematics and Logic*. Oxford: Oxford University Press.

Spier, J.M. 1972. *Oriëntering in die Christelike Wysbegeerte*, vertaal deur H.J. en D.F.M. Strauss. Bloemfontein: Sacum Beperk.

Stafleu, 2004. On the character of social communities, the state and the public domain. In: *Philosophia Reformata*. 69(2):125-139.

Stafleu, M.D. 1968. Individualiteit in de fysica. In: *Reflexies, Opstellen aangeboden aan Prof. Dr. J.P.A. Mekkes*. Amsterdam: Buijten & Schipperheijn.

Stafleu, M.D. 1972. Metric and Measurement in Physics. In: *Philosophia Reformata*, 37(1/2): 42-57.

Stafleu, M.D. 1980. *Time and Again, A Systematic Analysis of the Foundations of Physics*. Toronto: Wedge.

Stafleu, M.D. 1987. Theories at Work: On the Structure and Functioning of Theories in Science, in Particular during the Copernican Revolution, Lanham: University Press of America.

Stafleu, M.D. 1989. *De Verborgen Structuur*. Amsterdam: Buijten & Schipperheijn.

Stafleu, M.D. 1999. The idea of a natual law. In: *Philosophia Reformata*, 64 (1): 88-104.

Stafleu, M.D. 2002. *Een Wereld vol Relaties*. Amsterdam: Buijten & Schipperheijn.

Stegmüller, W. 1969. *Metaphysik, Skepsis, Wissenschaft*, (first edition 1954). Berlin/New York: Springer.

Strauss, D.F.M 2008. The "Basic Structure of Society" in the Political Philosophy of John Rawls. In: *Politeia*, 27(1):28-46.

Strauss, D.F.M. 1973. *Begrip en Idee*. Assen: Van Gorcum.

Strauss, D.F.M. 1980. *Inleiding tot die Kosmologie*, Bloemfontein: VCHO.

Strauss, D.F.M. 1982. The Place and Meaning of Kant's Critique of Pure Reason (1781) in the legacy of Western philosophy. In: *South African Journal of Philosophy*, Volume 1, (pp.131-147).

Strauss, D.F.M. 1983a. Individuality and Universality. In: *Reformational Forum*, 1(1):23-36.

Strauss, D.F.M. 1984. An analysis of the structure of analysis, (The Gegenstand-relation in discussion). In: *Philosophia Reformata*. 49(1): 35-56.

Strauss, D.F.M. 1991. The Ontological Status of the principle of the excluded middle. In: *Philosophia Mathematica* II, 6(1):73-90.

Strauss, D.F.M. 2000. Kant and modern physics. The synthetic a priori and the distinction between modal function and entity. In: *South African Journal of Philosophy* (pp.26-40).

Strauss, D.F.M. 2001. *Paradigms in Mathematics, Physics*, and *Biology – their Philosophical Roots*. Bloemfontein: Tekskor (Revised Edition, 2004).

Strauss, D.F.M. 2001. Reductionism in Mathematics: Philosophical Reflections, in: *Journal for Christian Scholarship* (JCS), 37(1&2):1-14.

Strauss, D.F.M. 2002. The scope and limitations of Von Bertalanffy's systems theory. In: *South African Journal of Philosophy*, Volume 21, (pp.163-179).

Strauss, D.F.M. 2002. Is it meaningful to juxtapose "individual" and "society"? *Society in Transition*. 33(1):96-115.

Strauss, D.F.M. 2002a. Philosophical Reflections on continuity. In: *Acta Academica*, 34(3) (pp.1-32).

Strauss, D.F.M. 2003a. Frege's Attack on 'Abstraction' and his Defense of the 'Applicability' of Arithmetic (as Part of Logic). In: *South African Journal of Philosophy*, Volume 22, (pp.63-80).

Strauss, D.F.M. 2003b. Popper and the Achilles heel of positivism. In: Koers, Vol.68, Nr. 2 & 3(pp.255-278).

Strauss, D.F.M 2003d. Is a Christian Mathematics possible? *Journal for Christian Scholarship*, 2003(3&4):31-49.

Strauss, D.F.M. 2004. Transcending the impasse of individualism and universalism in sociological theory, *Society in Transition*. 35(1):165-182.

Strauss, D.F.M. 2005. Accounting for Primitive Terms in Mathematics, in: *Koers*, 70(3):515-534.

Strauss, D.F.M. 2005a. *Paradigmen in Mathematik, Physik und Biologie und ihre philosophische Wurzeln*. Frankfurt am Main: Peter Lang.

Strauss, D.F.M. 2006. The Concept of Number: Multiplicity and Succession between Cardinality and Ordinality, *South African Journal for Philosophy*, 25(1):27-47.

Strauss, D.F.M. 2006a. *Reintegrating Social Theory – Reflecting upon human society and the discipline of sociology*. Frankfurt am Main: Peter Lang.

Strauss, D.F.M. 2006b. The mixed legacy underlying Rawls's Theory of Justice, In: *Journal for Juridical Science*, 31(1):61-79.

Strauss, D.F.M. 2006c. Beyond the opposition of individual and society, Part I, Acknowledging the constitutive social function of being an individual and 'de-totalizing' the idea of 'society', *South African Review of Sociology*, December 2006, Vol.37, No.2:143-164.

Strauss, D.F.M. 2007. Beyond the opposition of individual and society, Part II, The 'category-mistake' entailed in this opposition, *South African Review of Sociology* 2007 Vol.38 No.1:1-19.

Strauss, D.F.M. 2007a. Did Darwin develop a theory of evolution in the biological sense of the word? In: *South African Journal of Philosophy*, Vol.26(2):190-203.

Strauss, D.F.M. 2008. The "modal grid" underlying Language, Communication, Translation and the Learning of a New

Language *Communitas*, Volume 13:2008: 117-34.

Strauss, D.F.M. 2009. *Philosophy: the Discipline of the Disciplines*. Grand Rapids: Paideia Press.

Strauss, D.F.M. 2009a. The Significance of a Non-Reductionist Ontology for The Discipline of Mathematics: A Historical and Systematic Analysis. *Axiomathes*: An International Journal in Ontology and Cognitive Systems (Springer Verlag, Berlin), 20:19-52.

Strauss, D.F.M. 2009b. The Significance of a Non-Reductionist Ontology for the Discipline of Physics: A Historical and Systematic Analysis. *Axiomathes*: An International Journal in Ontology and Cognitive Systems (Springer Verlag, Berlin), 20:53-80.

Strauss, D.F.M. 2009c. Dooyeweerd, Derrida and Habermas on the "force of law". In: South African Journal of Philosophy SAJP 28(1):65-87.

Strauss, D.F.M. 2010. A perspective on (neo-)Darwinism. Koers 74(3):341-386.

Strauss, D.F.M. 2011. Wysgerige Perspektiewe op Getal. *LitNET*, On-line: http://www.litnet.co.za/Article/wysgerige-perspektiewe-op-die-uniekheid-van-getal.

Strauss, D.F.M. 2012. A history of attempts to delimit (state) law. In: *Journal for Juridical Science*, 37(2):35-64.

Strauss, D.F.M. 2012a. The paradigm of Weideman: Appreciating the uniqueness of language and scholarly disciplines. *Journal for Language Teaching* 46/2:172-189.

Strauss, D.F.M. 2013. Sphere Sovereignty, Solidarity and Subsidiarity. In: *Journal for Christian Scholarship*, 49(3):93-123.

Strauss, D.F.M. 2013a. World view, philosophy, and the teaching of arithmetic. *Acta Academica* 45(1): 26-57.

Strauss, D.F.M. 2014. What is a Line? In: *Axiomathes*: An International Journal in Ontology and Cognitive Systems (Springer Verlag, Berlin) (2014) 24:181–205; DOI 10.1007/s10516-013-9224-5.

Strauss, D.F.M. 2014a. The place of the state in a differentiated society: historical and systematic perspectives. In: *Politikon* 41(1):1-19.

Strauss, D.F.M. 2014b. The genesis of a new conception of the state in the legal and political philosophy of Dooyeweerd, In: JCS, 50(1&2):75-99.

Strauss, D.F.M. and Botting, M. (Comps.) 2000. Contemporary Reflections on the Philosophy of Herman Dooyeweerd. Lewiston: The Edwin Mellen Press.

Strauss, H.J. 1965. Nie-Staatlike Owerheidstaak in Beskawingsamehang. Philosophia Reformata. 30(2-4):198-204.

Troost, A. 2004. *Vakfilosofie van de Geloofswetenschap. Prolegomena van de Theologie*. Budel: Damon.

Troost, A. 2005. *Antropocentrische Totaliteitswetenschap. Inleiding in de 'reformatorische wijsbegeerte'*. Budel: Damon.

Troost, A. 2012. *What is Reformational Philosophy? An Introduction to the Cosmonomic Philosophy of Herman Dooyeweerd*. Grand Rapids: Paideia Press.

Van Peursen, 1995: Dooyeweerd en de wetenschapsfilosofische discussie, in: *Dooyeweerd herdacht*, edited by J. De Bruin, Amsterdam: VU-Uitgeverij.

Van Riessen, H. 1959. *Op Wijsgeerige Wegen*. Wagegingen: Zomer & Keuring (second edition 1963).

Van Riessen, H. 1970. *Wijsbegeerte*. Kampen: Kok.

Von Padua, M. 1522. *Defensor Pacis*. New Edition 1928. Cambridge: Prévité-Orton.

Weideman, A. 2009. *Beyond Expression. A systematic study of the foundations linguistics*. Grand Rapids: Paideia.

Weideman, A. 2011. *A Framework for the study of linguistics*. Grand Rapids: Paideia and Pretoria: Van Schaik.

Weinert, F. 1998. Fundamental Physical Constants, Null Experiments and the Duhem-Quine Thesis. In: *Philosophia Naturalis*, 35:225-251.

Weyl, H. 1946. Mathematics and Logic. In: *American Mathematical Monthly*, Vol. 53.

Wolters, A. 1981. Facing the Perplexing History of Philosophy. In: *Journal for Christian Scholarship*, 17(4):1-31.

Wolters, A. 2005. *Creation Regained, Biblical Basics for a Reformational Worldview*. Grand Rapids: Eerdmans.

Zuidema, S. U. 1948. *De Mensch als Historie*. Franeker: Wever.

Sobre el autor

D.F.M. Strauss sirvió como Jefe del Departamento de Filosofía de la Universidad del Estado Libre de Orange (Bloemfontein, Sudáfrica) y Decano de la Facultad de Humanidades (1998-2001). Es el Editor General de las Obras Compiladas del erudito y filósofo jurídico neerlandés, Herman Dooyeweerd, y es uno de los cinco Profesores Sobresalientes de la Universidad del Estado Libre de Orange. Además de 15 publicaciones independientes, 36 artículos de conferencias internacionales y 20 contribuciones a obras de múltiples autores, ha publicado más de 230 artículos en revistas nacionales e internacionales, repartidos en 12 áreas temáticas científicas diferentes.